GOLDMANN

D1854515

Buch

Gabriel García Márquez erzählt in seinem neuen Buch »Zwölf Geschichten aus der Fremde« von Lateinamerikanern in Europa. Ob es nun die fromme alte Pilgerin in Rom ist, der gestürzte Präsident in Genf, der totunglückliche junge Hochzeitsreisende in Paris, der Autor selbst in Arezzo – ihnen allen widerfährt Seltsames oder Unbegreifliches. Mit dem unbestechlichen Sinn für die fremde Herkunft und dem Blick des Reisenden, der in der Fremde ist, erleben die Lateinamerikaner wundersam Alltägliches und alltäglich Grauenhaftes. Die Themen der Kurzgeschichten, die alle auf wahren Begebenheiten beruhen, haben Gabriel García Márquez über zwanzig Jahre begleitet. In einem nuancenreichen Spiel mit Ort und Zeit hat dabei die Macht der Phantasie eines großen Erzählers die realen Orte des Geschehens verwandelt, und das Alltägliche hat durch die »List der Poesie«, wie der Autor sagt, seinen vergänglichen Charakter verloren. »Zwölf Geschichten aus der Fremde«, in García Márquez' unverwechselbarem Stil geschrieben, sind Kabinettstücke des Erzählens.

Autor

Gabriel García Márquez, 1928 in Aracataca, Kolumbien, geboren, studierte Jura und wurde dann Journalist. 1982 erhielt der Autor von »Hundert Jahre Einsamkeit« den Nobelpreis für Literatur. Er lebt heute in Mexiko.

Außerdem als Goldmann-Taschenbuch erschienen

Der General in seinem Labyrinth. Roman (41106)

Gabriel García Márquez

Zwölf Geschichten aus der Fremde

Deutsch von Dagmar Ploetz
und Dieter E. Zimmer

GOLDMANN VERLAG

Die Originalausgabe erschien unter dem Titel
»Doce cuentos peregrinos«

Umwelthinweis:
Alle bedruckten Materialien dieses Taschenbuches
sind chlorfrei und umweltschonend.
Das Papier enthält Recyclinganteile.

Der Goldmann Verlag
ist ein Unternehmen der Verlagsgruppe Bertelsmann

Genehmigte Taschenbuchausgabe
© 1992 by Gabriel García Márquez
© der deutschsprachigen Ausgabe 1993 by
Verlag Kiepenheuer & Witsch, Köln
Deutsch von Dagmar Ploetz. Dieter E. Zimmer übersetzte
Der glückliche Sommer der Frau Forbes und
Die Spur deines Blutes im Schnee
Umschlaggestaltung: Design Team München
Umschlagmotiv: Christiane Kubrick
Druck: Elsnerdruck, Berlin
Verlagsnummer: 42440
MK · Herstellung: Heidrun Nawrot
Made in Germany
ISBN 3-442-42440-2

3 5 7 9 10 8 6 4 2

Inhalt

Prolog. Warum zwölf, warum fremd und warum Geschichten

Die zwölf Geschichten dieses Buches wurden im Laufe der letzten achtzehn Jahre geschrieben. Fünf von ihnen waren Zeitungsbeiträge und Filmskripts, bevor sie ihre jetzige Form erhielten, eine diente als Exposé für eine Fernsehserie. Eine andere habe ich vor fünfzehn Jahren bei einem Tonbandinterview erzählt, der Freund, dem ich sie erzählte, hat eine Transkription veröffentlicht, und ich habe sie jetzt, von dieser Fassung ausgehend, neu erzählt. Das war eine seltsame schöpferische Erfahrung, die eine Erklärung verdient, und sei es nur, damit die Kinder, die, wenn sie groß sind, Schriftsteller werden wollen, gleich wissen, wie unstillbar und verzehrend das Laster des Schreibens ist.

Die erste Idee dazu kam mir Anfang der siebziger Jahre, als ich schon fünf Jahre in Barcelona lebte, nach einem erhellenden Traum. Ich träumte, daß ich auf meinem eigenen Begräbnis war, ich ging zu Fuß inmitten einer Gruppe von Freunden, die, obgleich in feierliche Trauer gekleidet, in Festlaune waren. Alle schienen wir selig über das Wiedersehen. Und ich ganz besonders, gab mir doch der Tod die willkommene Gelegenheit, mit meinen Freunden aus Lateinamerika zusammenzusein, den ältesten, liebsten, die ich am längsten nicht gesehen hatte. Am Ende der Feier, als sie begannen zu gehen, wollte ich sie begleiten, aber einer von ihnen machte mir mit entschiedener Strenge klar, daß für mich das Fest zu Ende sei. »Du bist der einzige, der nicht gehen kann«, sagte er zu mir. Da erst begriff ich, Sterben bedeutet, nie wieder mit seinen Freunden zusammenzusein.

Ich weiß nicht, warum, aber dieser beispielhafte Traum hat mir meine Identität bewußtgemacht, und ich dachte mir, das sei ein guter Ausgangspunkt, um über die seltsamen Dinge zu schreiben, die Lateinamerikanern in Europa zustoßen. Es war ein ermutigender Fund, denn ich hatte kurz zuvor *Der Herbst des Patriarchen* beendet, meine schwierigste und riskanteste Arbeit, und wußte nicht, wo ich weitermachen sollte.

Etwa zwei Jahre lang habe ich mir die Stoffe, die mir einfielen, notiert, wußte aber noch nicht, was ich mit ihnen anstellen wollte. An dem Abend, als ich anzufangen beschloß, hatte ich dann kein Notizbuch im Haus, und so liehen mir meine Söhne ein Schulheft. Aus Angst, es könne verlorengehen, packten sie es auf unseren häufigen Reisen immer in ihren Bücherranzen. Schließlich hatte ich vierundsechzig Themen notiert, mit so vielen Einzelheiten, daß ich nur noch schreiben mußte.

Es war in Mexiko, nach meiner Rückkehr aus Barcelona 1974, als mir klar wurde, daß dieses Buch kein Roman werden durfte, wie ich anfangs gemeint hatte, sondern eine Sammlung von Kurzgeschichten, die auf Zeitungsmeldungen fußten, aber durch die List der Poesie von ihrem vergänglichen Charakter erlöst werden sollten. Bis dahin hatte ich drei Bände mit Erzählungen geschrieben. Keiner der drei war jedoch als ein Ganzes geplant und ausgeführt worden, sondern jede Erzählung war ein eigenständiges und zufälliges Stück gewesen. Die Niederschrift der vierundsechzig Geschichten konnte also zu einem faszinierenden Abenteuer werden, wenn es mir gelang, sie alle mit ein und demselben Ansatz und einer inneren Einheit von Ton und Stil zu schreiben, so daß sie in der Erinnerung des Lesers untrennbar erscheinen würden.

Die ersten beiden – *Die Spur deines Blutes im Schnee* und *Der glückliche Sommer der Frau Forbes* – habe ich 1976 geschrieben und sie gleich in verschiedenen ausländischen Literaturblättern veröffentlicht. Ich habe mir keinen Tag Ruhe gegönnt, spürte aber in der Mitte der dritten Erzählung, es war übrigens die über mein Begräbnis, daß ich stärker ermüdete als bei einem Roman. Das gleiche passierte mir bei der vierten, und zwar dermaßen, daß mir der Atem ausging, sie zu beendigen. Jetzt weiß ich, warum: Eine Kurzgeschichte zu schreiben ist ebenso anstrengend, wie einen Roman zu beginnen. Denn in dem ersten Absatz eines Romans muß man alles festlegen: Struktur, Ton, Stil, Rhythmus, Länge und manchmal sogar den Charakter irgendeiner Figur. Alles weitere ist die Lust zu schreiben, die intimste und einsamste, die man sich vorstellen kann, und wenn man nicht den Rest seines Lebens immer weiter an einem Buch herumkorrigiert, dann deshalb, weil man sich, um es zu beenden, dieselbe eiserne Strenge auferlegt, wie um es zu beginnen. Die Erzählung hingegen hat keinen Anfang und kein Ende: Sie gelingt oder sie gelingt nicht. Und wenn sie nicht gelingt, so lehrt eigene und fremde Erfahrung, daß es in den meisten Fällen heilsamer ist, die Geschichte auf einem anderen Weg neu zu beginnen oder sie in den Papierkorb zu werfen. Jemand, ich weiß nicht mehr wer, hat es in einem tröstlichen Satz ausgedrückt: »Ein guter Schriftsteller läßt sich besser nach dem beurteilen, was er vernichtet, als nach dem, was er veröffentlicht.« Es ist wahr, ich habe die Kladden und die Notizen nicht vernichtet, aber etwas Schlimmeres getan: Ich gab sie dem Vergessen preis.

Ich erinnere mich, das Heft noch 1978, vom Untergang bedroht in einem Sturm von Papieren, auf meinem Schreibtisch in Mexiko gesichtet zu haben. Eines Tages, als ich nach etwas anderem suchte, bemerkte ich, daß ich es seit längerem aus den Augen verloren hatte. Es war mir gleichgültig. Als ich mich aber davon überzeugt hatte, daß es tatsächlich nicht auf dem Tisch war, überkam mich ein Anfall von Panik. Es gab keine Ecke im Haus, die nicht gründlich durchsucht wurde. Wir verrückten die Möbel, bauten die Regale auseinander, um sicherzugehen, daß das Heft nicht hinter die Bücher gefallen war, und unterwarfen Angestellte und

Freunde unverzeihlichen Verhören. Keine Spur. Die einzige mögliche – oder plausible? – Erklärung war, daß das Heft bei einer der Papiervernichtungen, die ich regelmäßig veranstalte, in den Müll gewandert war.

Meine Reaktion überraschte mich selbst: Die Themen, die ich fast vier Jahre lang vergessen hatte, wurden für mich zur Ehrensache. Bei dem Versuch, sie um jeden Preis zurückzugewinnen, gelang es mir, die Notizen zu dreißig Themen zu rekonstruieren, eine Arbeit so mühselig wie das Schreiben selbst. Da mir die bloße Anstrengung, mich ihrer zu erinnern, als Läuterung diente, verwarf ich herzlos jene, die mir unrettbar erschienen, und es blieben achtzehn übrig. Die Entscheidung, die Geschichten diesmal ohne Pause weiterzuschreiben, beschwingte mich, aber bald merkte ich, daß mir die Begeisterung dafür abhanden kam. Statt die Texte, wie ich es jungen Schriftstellern immer rate, in den Papierkorb zu werfen, bewahrte ich sie jedoch auf. Für alle Fälle.

Als ich 1979 *Chronik eines angekündigten Todes* begann, stellte ich fest, daß ich in den Pausen zwischen zwei Büchern die Gewohnheit zu schreiben verlor und es mir immer schwerer fiel, wieder neu anzufangen. Deshalb habe ich es mir von Oktober 1980 bis März 1984 zur Pflicht gemacht, wöchentlich einen Beitrag für Zeitungen in verschiedenen Ländern zu schreiben, als Training, um in Form zu bleiben. Dann kam mir der Gedanke, daß mein Problem mit den Notizen im Schulheft immer noch ein Problem der literarischen Gattung war, daß sie in Wirklichkeit nicht für Erzählungen, sondern nur für Glossen taugten. Als ich aber fünf Glossen nach Notizen des Hefts veröffentlicht hatte, änderte ich wieder meine Meinung: Sie waren besser fürs Kino geeignet. Auf diese Weise entstanden fünf Filme und eine Fernsehserie.

Nicht vorausgesehen hatte ich, daß die Arbeit für die Zeitung und fürs Kino meine Vorstellung von den Geschichten verändern würde, so daß ich jetzt, als ich sie in der endgültigen Form niederschrieb, meine eigenen Einfälle sorgsam mit der Pinzette von denen trennen mußte, die die Regisseure zur Arbeit an den Drehbüchern beigetragen hatten. Außerdem hat mich die gleichzeitige Zusammenarbeit mit fünf verschiedenen kreativen Temperamenten darauf gebracht, die Geschichten nach einer neuen Methode zu schreiben: Ich begann mit einer, wenn ich Zeit hatte, ließ sie liegen, wenn ich müde war oder irgendein unvorhergesehenes Projekt dazwischenkam, und fing dann mit einer neuen an. In gut einem Jahr sind sechs der achtzehn Themen in den Papierkorb gewandert, darunter auch mein Begräbnis, da es mir nicht gelang, es so ausgelassen zu schildern, wie es im Traum gewesen war. Die restlichen Geschichten hingegen schienen nun Atem für ein langes Leben zu schöpfen.

Es sind die zwölf Geschichten dieses Bandes. Im letzten September waren sie nach zwei weiteren Jahren sporadischer Arbeit druckfertig. Und so hätte ihre ruhelose Pilgerschaft vom Schreibtisch in den Müll und wieder zurück ein Ende gefunden, hätte mich nicht ganz zum Schluß ein letzter Zweifel beschlichen. Da ich die verschiedenen europäischen Städte, in denen die Geschichten spielen, aus dem Gedächtnis und aus der Ferne beschrieben hatte, wollte ich nach fast zwanzig Jahren die Verläßlichkeit meiner Erinnerungen überprüfen und unternahm eine schnelle Erkundungsreise nach Barcelona, Genf, Rom und Paris.

Keine dieser Städte hatte noch etwas mit meinen Erinnerungen zu tun. Alle, wie das ganze heutige Europa, waren durch eine erstaunliche Umkehrung verfremdet: Die tatsächlichen Erinnerungen erschienen mir als Hirngespinste, während die falschen Erinnerungen so überzeugend waren, daß sie die Wirklichkeit ersetzt hatten. So war es mir unmöglich, die Trennungslinie zwischen Ernüchterung und Nostalgie zu erkennen. Das war die endgültige Lösung. Denn ich hatte endlich das gefunden, was mir noch gefehlt hatte, um das

Buch zu beenden, und was mir nur das Vergehen der Jahre geben konnte: eine Perspektive in der Zeit.
Nach meiner Rückkehr von jener vom Glück begünstigten Reise habe ich in acht fieberhaften Monaten alle Geschichten noch einmal neugeschrieben, und ich mußte mich dabei nicht fragen, wo das Leben aufhörte und wo die Imagination anfing, weil mir der Verdacht half, daß womöglich nichts mehr von dem stimmte, was ich zwanzig Jahre zuvor in Europa erlebt hatte. Das Schreiben ging dann so flüssig vonstatten, daß ich mich zuweilen so fühlte, als schriebe ich nur aus reiner Lust am Erzählen, und das ist der menschliche Zustand, der vielleicht am ehesten der Levitation ähnelt. Da ich außerdem an allen Geschichten zugleich arbeitete, in aller Freiheit von einer zur anderen sprang, habe ich eine Übersicht über das gesamte Panorama gewonnen, die mich vor der Ermüdung der aufeinanderfolgenden Anfänge rettete und mir half, überflüssige Wiederholungen und verderbliche Widersprüche zu erspähen. Ich glaube, mir ist auf diese Weise der Erzählungsband gelungen, der dem, den ich immer schreiben wollte, am nächsten kommt.
Hier ist er, er kann nun aufgetragen werden, nach so vielem Hin und Her, nach diesem Überlebenskampf im Strudel der Unsicherheit. Alle Geschichten sind, abgesehen von den beiden ersten, zur gleichen Zeit beendet worden, und sie tragen das Datum, an dem ich sie begonnen habe. Die Reihenfolge in dieser Ausgabe ist jene, die sie im Notizheft hatten.
Ich war immer schon der Meinung, daß jede Fassung einer Geschichte besser ist als die vorangegangene. Wie soll man dann wissen, welche die letzte ist? Das ist ein Berufsgeheimnis, das nicht den Gesetzen der Intelligenz, sondern der Magie der Instinkte folgt, wie bei der Köchin, die weiß, wann die Suppe fertig ist. Auf alle Fälle werde ich die Geschichten jedoch vorsichtshalber nicht wieder lesen, wie ich keines meiner Bücher je wieder gelesen habe, aus Angst, es zu be-

reuen. Wer sie liest, wird wissen, was er damit anfangen soll. Glücklicherweise kann für diese zwölf seltsamen Geschichten ein Ende im Papierkorb nur die Erleichterung bedeuten, nach Hause gekommen zu sein.

Gabriel García Márquez

Cartagena de Indias, April 1992

Gute Reise, Herr Präsident

Er sass, beide Hände auf den silbernen Knauf seines Spazierstocks gestützt, auf der Holzbank unter den gelben Blättern des einsamen Parks, betrachtete die staubigen Schwäne und dachte an den Tod. Als er zum ersten Mal nach Genf gekommen war, lag der See ruhig und durchsichtig da, und es gab zahme Tauben, die kamen, um aus der Hand zu pikken, und Frauen zum Mieten, die mit ihren Tüllvolants und Seidenschirmen um sechs Uhr abends wie Geistererscheinungen wirkten. Jetzt war die einzige mögliche Frau, so weit der Blick reichte, eine Blumenverkäuferin auf dem verlassenen Kai. Es fiel ihm schwer zu glauben, daß die Zeit nicht nur in seinem Leben, sondern auch in der Welt solche Verheerungen hatte anrichten können.

Er war ein Unbekannter mehr in der Stadt der berühmten Unbekannten. Er trug den dunkelblauen Nadelstreifenanzug, die Brokatweste und den steifen Hut der pensionierten Staatsdiener. Er hatte den stolzen Schnurrbart eines Musketiers, bläuliches und üppiges Haar, das sich romantisch wellte, die Hände eines Harfners, den Witwerring am linken Ringfinger und fröhliche Augen. Das einzige, was seinen Gesundheitszustand verriet, war die Müdigkeit seiner Haut. Aber auch so war er mit seinen dreiundsiebzig Jahren noch immer ein Mann von fürstlicher Eleganz. An jenem Morgen fühlte er sich jedoch frei von jeder Eitelkeit. Die Jahre des Ruhms und der Macht lagen unabänderlich hinter ihm, und jetzt blieben nur noch die des Todes.

Er war nach zwei Weltkriegen nach Genf zurückgekehrt, auf der Suche nach einer endgültigen Antwort auf einen Schmerz, den die Ärzte von Martinique nicht hatten identifizieren können. Er hatte nicht mehr als fünfzehn Tage dafür vorgesehen, aber nun waren schon sechs Wochen erschöpfender Untersuchungen und ungewisser Ergebnisse vergangen, und ein Ende war noch nicht abzusehen. Sie suchten den Schmerz in der Leber, in der Niere, in der Bauchspeicheldrüse, in der Prostata, dort, wo er am wenigsten saß. Bis zu jenem unerwünschten Donnerstag, als der Arzt, der von den vielen, die ihn untersucht hatten, das geringste Renommee besaß, ihn für neun Uhr morgens in den Pavillon der Neurologie zitierte.

Das Büro glich einer Mönchszelle, und der Arzt war klein und düster und trug die rechte Hand wegen eines Daumenbruchs in Gips. Als er das Licht löschte, erschien auf dem erleuchteten Röntgenschirm das Bild einer Wirbelsäule, die der Präsident nicht als seine eigene erkannte, bis der Arzt mit einem Zeigestock auf die Verbindung zweier Wirbel unterhalb der Taille zeigte.

»Ihr Schmerz sitzt hier«, sagte er.

Für ihn war das nicht so einfach. Sein Schmerz war nicht nachweisbar und nicht zu fassen, manchmal schien er im rechten Rippenbogen zu stecken und manchmal im Unterleib, und häufig überraschte er ihn mit einem kurzen Stich in der Leiste. Der Arzt hörte ihm gespannt zu, den Zeigestock bewegungslos auf dem Schirm. »Deshalb haben Sie uns so lange in die Irre geführt«, sagte er. »Jetzt aber wissen wir, daß er hier sitzt.« Dann legte er den Zeigefinger an die Stirn und präzisierte:

»Wenngleich, strenggenommen, jeglicher Schmerz hier sitzt, Herr Präsident.«

Sein klinischer Stil war so dramatisch, daß das endgültige Urteil mild wirkte: Der Präsident müsse sich einer risikoreichen und unvermeidlichen Operation unterziehen. Dieser fragte, wie weit das Risiko ginge, und der alte Arzt tauchte ihn in ein Licht der Ungewißheit.

»Das können wir nicht mit Sicherheit sagen«, sagte er.

Bis vor kurzem, präzisierte er, war das Risiko fataler Folgen

groß und größer noch die Gefahr von Lähmungen unterschiedlichen Grades. Aber durch die medizinischen Fortschritte in den zwei Kriegen gehörten solche Befürchtungen der Vergangenheit an.
»Seien Sie unbesorgt«, schloß er. »Bereiten Sie Ihre Angelegenheiten gut vor, und geben Sie uns Bescheid. Aber vergessen Sie eins nicht, je eher, desto besser.«
Es war kein guter Morgen, um diese schlechte Nachricht zu verdauen und erst recht nicht im Freien. Er hatte sehr früh ohne Mantel das Hotel verlassen, weil er durch das Fenster eine strahlende Sonne gesehen hatte, und er war wie gewöhnlich vom Chemin du Beau Soleil, wo das Hospital lag, bis zu dem Refugium der flüchtigen Verliebten im Englischen Park gegangen. Dort saß er nun schon über eine Stunde und dachte ständig an den Tod, als der Herbst begann. Der See warf sich auf wie ein wildgewordener Ozean, und ein Wind der Unordnung scheuchte die Möwen hoch und riß die letzten Blätter weg. Der Präsident stand auf und brach eine Margerite von den öffentlichen Anlagen ab, statt sie bei der Blumenfrau zu kaufen, und steckte sie ins Knopfloch des Revers. Die Blumenfrau ertappte ihn dabei.
»Das sind nicht Gottes Blumen, mein Herr«, sagte sie verärgert. »Die sind von der Stadt.«
Er achtete nicht auf sie. Er entfernte sich schnell ausschreitend, hatte den Stock in der Mitte des Rohrs gefaßt und ließ ihn ab und zu mit einer etwas verwegenen Anmut kreisen. Auf der Mont-Blanc-Brücke wurden gerade hastig die mit der Windsbraut toll gewordenen Fahnen der Konföderation eingeholt, und der schlanke schaumgekrönte Springbrunnen versiegte vor der Zeit. Der Präsident erkannte sein Stammcafé am Kai nicht wieder, weil das grüne Zeltdach der Markise entfernt worden war und man die sommerlichen Blumenterrassen gerade geschlossen hatte. Im Saal brannten bei hellichtem Tag die Lampen, und das Streichquartett spielte

einen ahnungsvollen Mozart. Der Präsident nahm eine Zeitung von dem für Kunden reservierten Stapel auf der Theke, hängte Hut und Stock an den Ständer, setzte die goldgefaßte Brille auf, um an dem entferntesten Tisch zu lesen, und erst dann wurde ihm bewußt, daß der Herbst gekommen war. Er begann die Lektüre auf der Seite mit den internationalen Nachrichten, wo er sehr selten einmal eine Nachricht aus seinem Amerika fand, und las dann weiter von hinten nach vorne, bis die Kellnerin ihm seine tägliche Flasche Evian-Wasser brachte. Seit über dreißig Jahren hatte er auf Anordnung seiner Ärzte auf den Genuß von Kaffee verzichtet. Aber er hatte sich gesagt: »Wenn ich einmal die Gewißheit habe, bald sterben zu müssen, werde ich wieder Kaffee trinken.« Vielleicht war die Stunde gekommen.

»Bringen Sie mir auch einen Kaffee«, bestellte er in einem perfekten Französisch. Und präzisierte, ohne auf den Doppelsinn zu achten: »Nach italienischer Art, wie um einen Toten zu erwecken.«

Er trank ihn ohne Zucker, in langsamen Schlucken, und stellte dann die Tasse umgekehrt auf die Untertasse, damit der Kaffeesatz nach so vielen Jahren nun Zeit hätte, sein Schicksal aufzuzeichnen. Der rückgewonnene Geschmack erlöste ihn für einen Augenblick von seinen schlimmen Gedanken. Einen Augenblick später, als Teil des gleichen Zaubers, spürte er, daß ihn jemand ansah. Daraufhin blätterte er die Seite wie zufällig um, schaute über seine Brille hinweg und sah den bleichen und unrasierten Mann, mit einer Sportmütze und einer gewendeten Schaffelljacke, der sogleich den Blick abwandte, um nicht dem seinen zu begegnen.

Das Gesicht war ihm vertraut. Sie waren mehrmals in der Halle des Hospitals aneinander vorbeigegangen, er hatte ihn, als er irgendwann einmal an der Promenade du Lac die Schwäne betrachtete, auf einem Motorroller wieder gesehen,

hatte sich selbst aber nie erkannt gefühlt. Er schloß jedoch nicht aus, daß dies eine der vielen Verfolgungsphantasien im Exil sein könnte.
Er las ohne Eile die Zeitung zu Ende, ließ sich mit den feierlichen Celli von Brahms treiben, bis der Schmerz stärker war als die Betäubung durch die Musik. Dann sah er auf die kleine goldene Uhr, die er an einer Kette in der Westentasche trug, und nahm die beiden Schmerztabletten für den Mittag mit dem letzten Schluck Evian. Bevor er die Brille absetzte, las er noch sein Schicksal aus dem Kaffeesatz und spürte einen eisigen Schauder: Da war die Ungewißheit. Schließlich bezahlte er die Rechnung mit einem kargen Trinkgeld, nahm den Stock und den Hut vom Ständer und trat, ohne den Mann, der ihn ansah, anzusehen, auf die Straße hinaus. Er entfernte sich unbeschwerten Schrittes, ging an den Beeten mit den vom Wind zerfetzten Blumen entlang und glaubte sich von dem Bann befreit. Auf einmal aber hörte er Schritte hinter den seinen, hielt, als er um die Ecke bog, an und drehte sich um. Der Mann, der ihm folgte, mußte abrupt stehenbleiben, um nicht in ihn hineinzulaufen, und schaute ihn nun, knapp zwei Handbreit vor seinen Augen, erschrocken an.
»Herr Präsident«, murmelte er.
»Sagen Sie denen, von denen Sie bezahlt werden, daß sie sich keine Hoffnungen machen sollen«, sagte der Präsident, ohne sein Lächeln zu verlieren oder unfreundlich zu klingen. »Ich bin bei bester Gesundheit.«
»Niemand weiß das besser als ich«, sagte der Mann, erdrückt von der geballten Würde, die ihn getroffen hatte. »Ich arbeite im Hospital.«
Die Aussprache und der Tonfall und sogar seine Schüchternheit waren die eines ungeschliffenen Kariben.
»Sie wollen mir doch nicht sagen, daß Sie Arzt sind«, sagte der Präsident.

»Was wäre ich lieber, Señor«, sagte der Mann. »Ich bin Krankenwagenfahrer.«
»Das tut mir leid«, sagte der Präsident. »Das ist eine harte Arbeit.«
»Nicht so hart wie die Ihre, Señor.«
Er sah ihn sich ohne Vorbehalte an, stützte sich mit beiden Händen auf den Stock und fragte ihn mit echtem Interesse:
»Wo kommen Sie her?«
»Aus der Karibik.«
»Das habe ich schon gemerkt«, sagte der Präsident. »Aber aus welchem Land?«
»Aus demselben wie Sie, Señor«, sagte der Mann und reichte ihm die Hand: »Mein Name ist Homero Rey.«
Der Präsident unterbrach ihn erstaunt, ohne seine Hand loszulassen.
»Donnerwetter«, sagte er, »was für ein guter Name!«
Homero entspannte sich.
»Und das ist noch nicht alles«, sagte er, »Homero Rey de la Casa.«
Ein schneidender Angriff des Winters überraschte sie ungeschützt mitten auf der Straße. Der Präsident erschauerte bis auf die Knochen und begriff, daß er nicht ohne Mantel noch die zwei Straßen bis zu dem Armengasthaus, wo er gewöhnlich aß, laufen konnte.
»Haben Sie schon zu Mittag gegessen?« fragte er Homero.
»Mittags esse ich nie«, sagte Homero. »Ich esse nur einmal am Tag, und zwar abends zu Hause.«
»Machen Sie heute eine Ausnahme«, sagte er zu ihm, all seinen Charme aufbietend, »ich lade Sie zum Essen ein.«
Er nahm seinen Arm und führte ihn zu dem Restaurant gegenüber, dessen Name in Gold auf der Segeltuchmarkise stand: *Le Bœuf Couronné.*
Im Inneren war es eng und warm, und es schien kein Platz frei zu sein. Homero Rey, überrascht darüber, daß niemand

den Präsidenten erkannte, ging bis zum Ende des Saals, um Hilfe zu holen.
»Ein amtierender Präsident?« fragte der Besitzer.
»Nein«, sagte Homero, »gestürzt.«
Der Besitzer lächelte beifällig.
»Für die habe ich immer einen Extratisch«, sagte er.
Er führte sie zu einem abgelegenen Platz am Ende des Saals, wo sie nach Belieben plaudern konnten. Der Präsident dankte es ihm.
»Nicht alle erkennen wie Sie die Ehrbarkeit des Exils an«, sagte er.
Die Spezialität des Hauses waren auf Holzkohle gegrillte Ochsenrippen. Der Präsident und sein Gast schauten sich um und sahen auf den anderen Tischen die großen gegrillten Stücke mit einem Rand aus zartem Fett. »Das ist wunderbares Fleisch«, murmelte der Präsident, »aber es ist mir verboten.« Er richtete einen schelmischen Blick auf Homero und änderte den Ton.
»Eigentlich ist mir alles verboten.«
»Auch Kaffee ist Ihnen verboten, und dennoch trinken Sie ihn«, sagte Homero.
»Das haben Sie bemerkt?« fragte der Präsident. »Aber das war nur eine Ausnahme an einem außergewöhnlichen Tag.«
Die Ausnahme war an jenem Tag nicht nur der Kaffee. Er bestellte auch eine Ochsenrippe auf Holzkohle gegrillt und einen Salat aus frischem Gemüse, nur mit einem Schuß Olivenöl angemacht. Sein Gast bestellte das gleiche und eine halbe Karaffe Rotwein dazu.
Während sie auf das Fleisch warteten, holte Homero ein Portemonnaie ohne Geld, aber voller Zettel aus der Jackentasche und zeigte dem Präsidenten ein verblichenes Foto. Der erkannte sich selbst in Hemdsärmeln, um mehrere Pfund leichter und mit tiefschwarzem Haar und Schnurrbart, inmitten eines Getümmels von jungen Leuten, die sich

reckten, um gesehen zu werden. Mit einem Blick erkannte er den Ort, erkannte die Embleme einer abscheulichen Wahlkampagne, erkannte das unliebsame Datum. »Grauenhaft!« murmelte er. »Ich habe schon immer gesagt, daß man auf Bildern schneller altert als im wirklichen Leben.« Und gab das Foto mit einer abschließenden Gebärde zurück.

»Ich erinnere mich sehr gut daran«, sagte er. »Das war vor Tausenden von Jahren in der Hahnenkampfarena von San Cristóbal de las Casas.«

»Das ist mein Dorf«, sagte Homero und deutete auf sich selbst in der Gruppe: »Der hier bin ich.«

Der Präsident erkannte ihn.

»Sie waren ein Kind!«

»Fast«, sagte Homero. »Ich war auf der ganzen Kampagne im Süden als Führer der Studentenbrigaden dabei.«

Der Präsident kam dem Vorwurf zuvor.

»Ich habe natürlich nicht einmal auf Sie geachtet«, sagte er.

»Im Gegenteil, Sie waren sehr nett zu uns«, sagte Homero. »Aber wir waren so viele, daß Sie sich unmöglich erinnern können.«

»Und dann?«

»Wer weiß das besser als Sie selbst?« sagte Homero. »Das Wunder nach dem Militärputsch ist, daß wir beide hier sitzen, bereit, einen halben Ochsen zu verspeisen. Nicht viele hatten so ein Glück.«

In dem Moment wurden die Teller gebracht. Der Präsident legte sich die Serviette wie ein Kinderlätzchen um den Hals und überging nicht das schweigende Staunen des Gastes. »Wenn ich das nicht mache, büße ich bei jeder Mahlzeit eine Krawatte ein«, sagte er. Bevor er zu essen begann, prüfte er die Zartheit des Fleisches, billigte sie mit einer zufriedenen Geste und kam auf das Thema zurück.

»Ich kann mir allerdings nicht erklären«, sagte er, »warum Sie mich nicht früher angesprochen haben, statt mir wie ein Spürhund zu folgen.«

Daraufhin erzählte ihm Homero, daß er ihn gleich erkannt habe, als er ihn das Hospital durch eine Türe betreten sah, die für besondere Fälle reserviert war. Es sei Hochsommer gewesen, und der Präsident habe den weißen Leinenanzug der Antillen getragen, dazu schwarzweiße Schuhe, die Margerite im Knopfloch und seine herrliche Mähne sei vom Wind aufgewühlt gewesen. Homero hatte herausgefunden, daß der Präsident allein, ohne helfende Begleitung, in Genf war, da er die Stadt, in der er sein Jurastudium beendet hatte, auswendig kannte. Die Direktion des Hospitals veranlaßte auf seinen Wunsch hin intern die nötigen Maßnahmen, um ein völliges Inkognito zu gewährleisten. An demselben Abend noch hatte Homero mit seiner Frau abgesprochen, den Kontakt zu ihm aufzunehmen. Er sei ihm jedoch, eine günstige Gelegenheit suchend, fünf Wochen lang gefolgt und hätte es womöglich nicht geschafft, ihn zu begrüßen, wenn der Präsident ihn nicht gestellt hätte.

»Ich bin froh, das getan zu haben«, sagte dieser, »obgleich es mich ehrlich gesagt keineswegs stört, allein zu sein.«

»Es ist nicht gerecht.«

»Warum?« fragte der Präsident aufrichtig. »Der größte Sieg meines Lebens besteht darin, daß ich erreicht habe, vergessen zu werden.«

»Wir erinnern uns Ihrer mehr, als Sie sich vorstellen können«, sagte Homero, ohne seine Rührung zu verbergen. »Es ist eine Freude, Sie so zu sehen, gesund und jung.«

»Dennoch«, sagte der Präsident ohne Dramatik, »weist alles darauf hin, daß ich bald sterben werde.«

»Ihre Chancen, gesund davonzukommen, stehen gut«, sagte Homero.

Der Präsident schreckte verblüfft auf, bewahrte sich jedoch seinen Witz.
»Verflixt noch mal!« rief er aus. »Ist im schönen Schweizerland etwa das Arztgeheimnis aufgehoben worden?«
»In keinem Hospital der Welt gibt es für den Fahrer eines Krankenwagens Geheimnisse«, sagte Homero.
»Alles, was ich weiß, habe ich aber erst vor knapp zwei Stunden erfahren, und zwar aus dem Munde des einzigen, der es wissen sollte.«
»Jedenfalls würden Sie nicht vergeblich sterben«, sagte Homero. »Jemand wird Sie, das große Vorbild der Würde, auf den Platz rücken, der Ihnen zukommt.«
Der Präsident gab sich komisch erstaunt.
»Danke für die Warnung«, sagte er.
Er aß so, wie er alles tat: langsam und sehr ordentlich. Unterdessen sah er Homero gerade in die Augen, so daß dieser den Eindruck hatte, sehen zu können, was der Präsident dachte. Nach einem langen Gespräch voller sehnsüchtiger Erinnerungen lächelte dieser listig.
»Ich hatte beschlossen, mich nicht um meine Leiche zu kümmern«, sagte er, »jetzt aber sehe ich, daß ich wie in einem Kriminalroman gewisse Vorkehrungen treffen muß, damit niemand sie findet.«
»Das ist zwecklos«, scherzte Homero seinerseits. »Im Hospital gibt es keine Geheimnisse, die länger als eine Stunde bestehen.«
Als sie den Kaffee getrunken hatten, las der Präsident aus dem Satz in seiner Tasse, und es schauderte ihn erneut: Die Botschaft war die gleiche. Seine Miene veränderte sich aber nicht. Er zahlte die Rechnung bar, prüfte die Summe jedoch mehrmals, zählte mehrmals das Geld mit übertriebener Sorgfalt und ließ ein Trinkgeld zurück, das dem Kellner nur ein Knurren wert war.
»Es war mir ein Vergnügen«, sagte er zum Schluß, als er sich

von Homero verabschiedete. »Ich habe keinen Termin für die Operation, und ich habe noch nicht einmal entschieden, ob ich mich ihr unterziehen soll oder nicht. Aber wenn alles gut ausgeht, werden wir uns wiedersehen.«

»Und warum nicht davor?« fragte Homero. »Lázara, meine Frau, kocht für reiche Leute. Niemand macht besseren Garnelenreis als sie, und wir würden Sie gerne an einem dieser Abende bei uns sehen.«

»Meeresfrüchte sind mir verboten, aber ich werde sie mit Genuß essen«, sagte er. »Sagen Sie mir, wann.«

»Donnerstag ist mein freier Tag«, sagte Homero.

»Wunderbar«, sagte der Präsident. »Am Donnerstag um sieben Uhr abends bin ich bei Ihnen. Es wird mir ein Vergnügen sein.«

»Ich komme Sie abholen«, sagte Homero. »Hôtellerie Dames, 14, rue de l'Industrie. Hinter dem Bahnhof. Richtig?«

»Richtig«, sagte der Präsident so charmant wie selten und erhob sich. »Ich kann wohl davon ausgehen, daß Sie sogar meine Schuhnummer wissen.«

»Klar, mein Herr«, sagte Homero vergnügt, »einundvierzig.«

Allerdings erzählte Homero Rey dem Präsidenten nicht, was er dann noch jahrelang jedem erzählte, der es hören wollte, daß sein ursprünglicher Plan nicht ganz so unschuldig gewesen war. Wie andere Krankenwagenfahrer hatte er Abmachungen mit Bestattungsunternehmen und Versicherungsgesellschaften, deren Dienstleistungen er im Hospital verkaufte, besonders an ausländische Patienten mit geringen Geldmitteln. Die Gewinne waren minimal, überdies mußte man sie mit anderen Angestellten teilen, die einander die Geheimberichte über Schwerkranke zuschoben. Aber es war ein gutes Trostpflaster für einen Verbannten ohne Zukunft, der sich bei seinem lächerlichen Lohn kaum mit seiner Frau und seinen zwei Kindern über Wasser halten konnte.

Lázara Davis, seine Frau, war realistischer. Sie war eine treffliche Mulattin aus San Juan de Puerto Rico, klein und fest, von der Farbe ruhenden Karamells und mit den Augen einer kämpferischen Hündin, die sehr gut zu ihrer Wesensart paßten. Sie hatten sich bei den karitativen Pflegediensten des Hospitals kennengelernt, wo sie als Mädchen für alles arbeitete, nachdem sie von einem Rentier aus ihrem Heimatland, der sie als Kindermädchen mitgebracht hatte, in Genf ihrem Schicksal überlassen worden war. Sie hatten nach katholischem Ritus geheiratet, obgleich sie eine Yoruba-Prinzessin war, und lebten in einer Dreizimmerwohnung im achten Stock ohne Aufzug in einem Gebäude für afrikanische Emigranten. Sie hatten ein neunjähriges Mädchen, Bárbara, und einen siebenjährigen Jungen, Lázaro, bei dem einiges darauf deutete, daß er ein wenig geistig zurückgeblieben war.
Lázara Davis war intelligent und launisch, hatte aber einen sanften Kern. Sie hielt sich selbst für einen reinen Stier und glaubte blind an die Augurien der Sterne. Dennoch konnte sie sich nie den Traum erfüllen, ihren Lebensunterhalt als Astrologin für Millionäre zu verdienen. Statt dessen trug sie gelegentliche, zuweilen bedeutende, Mittel zum Haushalt bei, indem sie Diners für reiche Damen zubereitete, die sich vor ihren Gästen damit schmückten, selbst die aufregenden Antillengerichte gekocht zu haben. Homero dagegen war vor lauter Ernsthaftigkeit schüchtern, und man konnte von ihm nicht mehr erwarten als das wenige, was er brachte, aber Lázara konnte sich wegen der Unschuld seines Herzens und des Kalibers seiner Waffe das Leben nicht ohne ihn vorstellen. Es war ihnen gutgegangen, aber die Jahre wurden immer härter, und die Kinder wuchsen heran. Zu der Zeit, als der Präsident kam, hatten sie begonnen, die Ersparnisse von fünf Jahren anzuknabbern. Daher gingen ihre Hoffnungen mit ihnen durch, als Homero Rey den Präsidenten im Hospital unter den Kranken in Inkognito entdeckte.

Sie wußten nicht genau, worum sie ihn bitten sollten, noch mit welchem Recht. Im ersten Augenblick hatten sie daran gedacht, ihm ein komplettes Begräbnis zu verkaufen, Einbalsamierung und Rückführung in die Heimat inbegriffen. Nach und nach merkten sie jedoch, daß der Tod wohl nicht so nah bevorstand, wie anfangs gedacht. Am Tag des Mittagessens hatten die Zweifel sie schon verunsichert.

In Wahrheit war Homero nicht Führer von Studentenbrigaden oder sonst etwas Ähnliches gewesen, er hatte auch nur ein einziges Mal am Wahlkampf teilgenommen, und zwar damals, als das Foto aufgenommen wurde, das sie wie durch ein Wunder zwischen dem Krusch im Kleiderschrank wiedergefunden hatten. Aber seine Inbrunst war echt. Es stimmte auch, daß er wegen seiner Teilnahme an den Straßenkämpfen nach dem Militärputsch hatte außer Landes flüchten müssen, wenngleich der einzige Grund, nach so vielen Jahren immer noch in Genf zu leben, seine Armut im Geiste war. Also mußte eine Lüge mehr oder weniger keine Hürde sein, um die Gunst des Präsidenten zu gewinnen.

Die erste Überraschung für beide war, daß der berühmte Verbannte in einem viertklassigen Hotel im tristen Viertel La Grotte zwischen asiatischen Emigranten und Flatterdämchen wohnte und daß er nur in Gasthäusern für arme Leute aß, wo doch Genf voll war von würdigen Residenzen für in Ungnade gefallene Politiker. Homero hatte gesehen, wie er Tag für Tag dasselbe wie an jenem Tag gemacht hatte. Er war ihm in Sichtweite, in einer manchmal weniger als vorsichtigen Entfernung bei seinen nächtlichen Spaziergängen zwischen den düsteren Mauern und den gelben Glockenblumen der Altstadt gefolgt. Er hatte ihn stundenlang versunken vor dem Denkmal Calvins stehen gesehen. Er war hinter ihm Stufe für Stufe, erstickt vom heißen Duft des Jasmins, die Steintreppe hochgestiegen, um vom Gipfel des Bourg-le-Four die langsamen Abenddämmerungen des Sommers zu betrachten. Eines Abends sah er ihn unter dem ersten Nieselregen ohne Mantel oder Schirm mit Studenten in einer Schlange für ein Konzert von Rubinstein anstehen. »Ich weiß nicht, wieso er sich dabei nicht eine Lungenentzündung geholt hat«, sagte er später zu seiner Frau. Am letzten Samstag, als das Wetter sich zu ändern begann, hatte er den Präsidenten dabei beobachtet, wie er sich einen Mantel mit unechtem Nerzkragen kaufte, aber nicht in den leuchtenden Geschäften der Rue du Rhône, wo flüchtige Emire einkauften, sondern auf dem Flohmarkt.

»Dann kann man alles vergessen!« rief Lázara aus, als Homero ihr das erzählte. »Dieser Scheißgeizhals, der ist imstande, sich von der Wohlfahrt im Gemeinschaftsgrab bestatten zu lassen. Wir werden nie etwas aus ihm herausholen.«

»Vielleicht ist er wirklich arm«, sagte Homero, »nach so vielen Jahren ohne Anstellung.«

»Ach, Negro, Fisch mit Aszendent Fisch zu sein, ist eins, etwas anderes, ein Depp zu sein«, sagte Lázara. »Alle Welt weiß, daß er sich mit dem Gold der Regierung davongemacht hat und der reichste Exilant auf Martinique ist.«

Homero, zehn Jahre älter als sie, war beeindruckt von dem Bericht aufgewachsen, daß der Präsident in Genf studiert und dafür auf dem Bau gearbeitet hatte. Lázara hingegen war mit den Skandalen der gegnerischen Presse aufgewachsen, die in einem Haus von Gegnern, in dem sie schon als Kind Kindermädchen gewesen war, noch aufgebauscht wurden. So ließ sie an dem Abend, als Homero von Jubel erstickt heimkam, weil er mit dem Präsidenten gegessen hatte, die Tatsache, daß der ihn in ein teures Restaurant eingeladen hatte, nicht als Argument gelten. Es störte sie, daß Homero nichts von alldem erbeten hatte, was sie sich erträumten, von Stipendien für die Kinder bis zu einem besseren Job im Hospital. Der Entschluß des Präsidenten, seine Leiche den Geiern vorwerfen zu lassen, statt seine Franken für ein würdiges

Begräbnis und eine ruhmvolle Heimführung auszugeben, schien sie in ihrem Verdacht zu bestätigen. Was aber das Faß zum Überlaufen brachte, war die Nachricht, die sich Homero bis zuletzt aufgespart hatte, daß er den Präsidenten für Donnerstagabend zum Garnelenreis eingeladen hatte.
»Das fehlt uns gerade noch«, schrie Lázara, »daß er uns hier stirbt, von Büchsengarnelen vergiftet, und wir ihn mit unseren Ersparnissen für die Kinder beerdigen müssen.«
Am Ende wurde ihr Verhalten aber doch vom Ausmaß ihrer ehelichen Loyalität bestimmt. Sie mußte sich bei einer Nachbarin drei Besteckgarnituren aus Hotelsilber und eine Salatschüssel aus Kristall leihen, bei einer anderen eine elektrische Kaffeemaschine, bei wiederum einer anderen eine gestickte Tischdecke und chinesisches Porzellan für den Kaffee. Sie hängte anstelle der alten Gardinen die neuen auf, die sie nur an Feiertagen benutzten, und zog den Schonbezug von den Möbeln. Sie verbrachte einen Tag damit, die Böden zu schrubben, Staub zu wischen, Sachen umzustellen, bis sie das Gegenteil von dem erreicht hatte, was vorteilhaft für sie gewesen wäre, nämlich den Gast durch den Anstand der Armut zu rühren.
Am Donnerstagabend, als er sich von der Atemnot nach acht Stockwerken erholt hatte, erschien der Präsident mit seinem neuen alten Mantel in der Tür, mit der Melone aus anderen Zeiten und einer einzelnen Rose für Lázara. Sie war beeindruckt von seiner männlichen Schönheit und seinem fürstli chen Gebaren, darüber hinaus aber sah sie ihn so, wie sie ihn zu sehen erwartet hatte: falsch und raubgierig. Sie fand ihn impertinent, weil er, obwohl sie bei offenen Fenstern gekocht hatte, damit der Dampf der Garnelen nicht die Wohnung durchdrang, gleich beim Hereinkommen wie in plötzlicher Ekstase die Luft einsog und mit geschlossenen Augen und ausgebreiteten Armen ausrief: »Oh, der Duft unseres Meeres!« Sie fand ihn geiziger denn je, weil er ihr nur eine,

zweifellos im Park geklaute, Rose mitgebracht hatte. Sie fand ihn unverschämt wegen der Geringschätzung, mit der er sich die Zeitungsausschnitte über seine Ruhmestaten als Präsident ansah und die Wimpel und Fähnchen der Kampagne, die Homero so treuherzig an die Wand des Wohnzimmers gepinnt hatte. Sie fand ihn hartherzig, weil er Bárbara und Lázaro, die ein selbstgebasteltes Geschenk für ihn hatten, nicht einmal begrüßte, und im Laufe des Abendessens zwei Dinge anführte, die er nicht ertragen könne: Hunde und Kinder. Sie haßte ihn dafür. Dennoch setzte sich ihr karibischer Sinn für Gastfreundschaft gegen ihre Vorurteile durch. Sie hatte das afrikanische Gewand ihrer Festnächte und ihre Ketten und Armbänder der Santería angelegt und machte während des Abendessens keine einzige falsche Geste, noch sagte sie ein Wort zuviel. Sie war mehr als untadelig: Sie war perfekt.

Tatsache war, daß der Garnelenreis nicht zu den Glanzstücken ihrer Kochkunst zählte, aber sie hatte ihn mit den besten Absichten zubereitet, und er war ihr gut gelungen. Der Präsident legte sich zweimal auf, hielt sich mit Lob nicht zurück und war begeistert über die gebackenen Scheiben reifer Gemüsebananen und den Avocadosalat, auch wenn er die nostalgischen Gefühle dabei nicht teilte. Lázara begnügte sich mit dem Zuhören, bis Homero sich beim Nachtisch ohne Not in die Sackgasse des Gottesbeweises verrannte.

»Ich glaube schon, daß er existiert«, sagte der Präsident, »aber er hat nichts mit den Menschen zu tun. Er ist mit größeren Dingen beschäftigt.«

»Ich glaube nur an die Sterne«, sagte Lázara und beobachtete die Reaktion des Präsidenten. »An welchem Tag sind Sie geboren?«

»Am elften März.«

»Das mußte sein«, sagte Lázara mit triumphalem Erschrek-

ken und fragte in freundlichem Ton: »Zwei Fische an einem Tisch, ist das nicht vielleicht zu viel?«
Die Männer sprachen weiter von Gott, als sie in die Küche ging, um den Kaffee zuzubereiten. Sie hatte die Reste des Essens abgedeckt und wünschte sich von ganzer Seele, daß der Abend ein gutes Ende nähme. Als sie mit dem Kaffee ins Wohnzimmer zurückkehrte, kam ihr ein einzelner Satz des Präsidenten entgegen, der sie sprachlos machte:
»Haben Sie keinen Zweifel daran, lieber Freund: Das Schlimmste, was unserem armen Land passieren konnte, war, daß ich Präsident wurde.«
Homero sah Lázara mit den chinesischen Tassen und der geliehenen Kanne in der Tür und dachte, sie würde ohnmächtig werden. Auch der Präsident schaute zu ihr hin. »Sehen Sie mich nicht so an, Señora«, sagte er freundlich zu ihr. »Ich rede, wie es mir ums Herz ist.« Und dann, sich Homero zuwendend, schloß er:
»Immerhin bin ich dabei, teuer für meine Unvernunft zu zahlen.«
Lázara schenkte Kaffee ein, löschte die Deckenlampe über dem Tisch, deren unbarmherziges Licht beim Plaudern störte, und der Raum lag nun in einem vertraulichen Schummer. Zum ersten Mal interessierte sie sich für den Gast, dessen Charme nicht ausreichte, seine Traurigkeit zu überspielen. Lázaras Neugier steigerte sich, als er den Kaffee ausgetrunken hatte und die Tasse umgekehrt auf die Untertasse stellte, bis der Satz zur Ruhe kam.
Der Präsident erzählte ihnen nach Tisch, daß er für die Verbannung die Insel Martinique gewählt habe, weil er mit dem Dichter Aimé Césaire befreundet sei, der damals gerade sein *Cahier d'un retour au pays natal* veröffentlicht hatte und ihn dann dabei unterstützte, ein neues Leben zu beginnen. Mit dem, was vom Erbe seiner Frau übriggeblieben war, hatten sie sich ein Haus aus Edelhölzern auf den Hügeln von Fort

de France gekauft, mit Fliegengittern vor den Fenstern und einer Terrasse voller wilder Blumen und mit Blick zum Meer, wo es ein Genuß war, beim Lärmen der Grillen und in der von den Brennereien kommenden Brise aus Melasse und Rum zu schlafen. Dort war er mit seiner Frau geblieben, die vierzehn Jahre älter und seit ihrer einzigen Niederkunft krank war, verbarrikadiert gegen das Schicksal durch die besessene Lektüre seiner römischen Klassiker auf lateinisch und überzeugt, daß dies der Schlußakt seines Lebens war. Jahrelang mußte er der Versuchung von allerlei Abenteuern widerstehen, die ihm seine besiegten Anhänger antrugen.

»Aber ich habe nie wieder einen Brief geöffnet«, sagte er. »Niemals, seitdem ich entdeckt habe, daß die dringlichsten Briefe nach einer Woche weniger dringlich sind und daß sich nach zwei Monaten nicht einmal der, der sie geschrieben hat, noch daran erinnert.«

Er sah, wie Lázara sich im Halblicht eine Zigarette anzündete, und nahm sie ihr mit einer gierigen Bewegung der Finger ab. Er tat einen tiefen Zug und hielt den Rauch im Rachen zurück. Überrascht griff Lázara nach der Schachtel und den Streichhölzern, um sich eine neue anzustecken, aber er gab ihr die brennende Zigarette zurück. »Sie rauchen so genußvoll, daß ich der Versuchung nicht widerstehen konnte«, sagte er zu ihr, mußte dann aber den Rauch herauslassen, weil ihn Hustenreiz überkam.

»Ich habe dies Laster vor vielen Jahren aufgegeben, aber es hat mich nicht ganz aufgegeben«, sagte er. »Und manchmal hat es mich besiegt. Wie jetzt.«

Noch zweimal schüttelte ihn der Husten. Der Schmerz war wieder da. Der Präsident schaute auf seine Taschenuhr und nahm die zwei Tabletten für die Nacht. Dann erforschte er den Boden der Tasse: Nichts hatte sich geändert, aber dieses Mal erschauerte er nicht.

»Einige meiner alten Anhänger sind nach mir Präsident geworden«, sagte er.
»Sáyago«, sagte Homero.
»Sáyago und andere«, sagte er. »Alle wie ich: Man maßt sich eine Ehre an, die man nicht verdient, in einem Beruf, den man nicht beherrscht. Manche sind nur hinter der Macht her, aber die meisten suchen noch weniger: das Amt.«
Lázara fuhr hoch.
»Wissen Sie, was man über Sie sagt?« fragte sie ihn.
Homero mischte sich beunruhigt ein: »Lügen.«
»Es sind Lügen und doch keine«, sagte der Präsident mit einer himmlischen Ruhe. »Da es um einen Präsidenten geht, können die schlimmsten Gemeinheiten beides zugleich sein: Wahrheit und Lüge.«
Er hatte die Tage seines Exils alle in Martinique verbracht, keine anderen Kontakte zur Außenwelt als die wenigen Nachrichten der amtlichen Zeitung gehabt, hatte sich mit Spanisch- und Lateinunterricht an einem staatlichen Lyzeum und mit den Übersetzungen über Wasser gehalten, die ihm Aimé Césaire zuweilen auftrug. Im August war die Hitze unerträglich, und er blieb bis zum Mittag in der Hängematte und las beim einlullenden Rauschen des Flügelventilators im Schlafzimmer. Seine Frau kümmerte sich auch in den Stunden größter Hitze um die Vögel, die sie in Freiheit aufzog, und schützte sich vor der Sonne mit einem breitkrempigen Hut, den künstliche Erdbeeren und Tüllblumen schmückten. Aber wenn die Hitze nachließ, war es gut, auf der Terrasse die Frische zu genießen, er hielt den Blick fest auf das Meer gerichtet, bis es im Dunkel versank, und sie in ihrem Schaukelstuhl aus Rohrgeflecht, mit dem brüchigen Hut und den Phantasieringen an den Fingern, sah die Schiffe aus aller Welt vorbeiziehen. »Der fährt nach Puerto Santo«, sagte sie. »Der da kommt mit seiner Bananenfracht aus Puerto Santo kaum vorwärts«, sagte sie. Denn sie hielt es nicht

für möglich, daß ein Schiff, das nicht aus ihrem Land stammte, vorbeikäme. Er stellte sich taub, wenngleich ihr am Ende das Vergessen besser gelang als ihm, da sie das Gedächtnis verlor. So blieben sie sitzen, bis die dramatischen Sonnenuntergänge ihr Ende fanden und beide, von den Schnaken besiegt, ins Haus flüchten mußten. Und wieder einmal im August sprang der Präsident, der gerade auf der Terrasse die Zeitung las, verblüfft auf.

»Oh, verflixt!« sagte er. »Ich bin in Estoril gestorben!«

Seine Frau, die im Schlummer schwebte, erschrak über die Nachricht. Es waren sechs Zeilen auf der fünften Seite der Zeitung, in der seine gelegentlichen Übersetzungen erschienen und deren Chefredakteur ab und an zu Besuch vorbeikam. Und jetzt hieß es da, er sei in Estoril de Lisboa, dem Urlaubs- und Zufluchtsort der europäischen Dekadenz, gestorben, wo er nie gewesen war, und vielleicht der einzige Ort auf der Welt, wo er nicht hätte sterben mögen. Seine Frau starb ein Jahr später wirklich, gemartert von der letzten Erinnerung, die ihr für jenen Augenblick geblieben war: die an den einzigen Sohn, der beim Sturz seines Vaters mitgewirkt hatte und später von seinen Komplizen erschossen worden war.

Der Präsident seufzte. »So sind wir«, sagte er, »und nichts wird uns erlösen können. Ein Kontinent gezeugt vom Abschaum der ganzen Welt, ohne einen Augenblick der Liebe: Kinder von Raubzügen, Vergewaltigungen, infamer Behandlung, von Verrat, von Feinden mit Feinden.« Er begegnete Lázaras afrikanischen Augen, die ihn mitleidlos musterten, und versuchte sie mit seiner Redekunst eines alten Lehrers zu zähmen.

»Das Wort Mestizaje bedeutet Vermischung, heißt, Tränen mit rinnendem Blut zu mischen. Was kann man von einem solchen Gebräu erwarten?«

Lázara nagelte ihn mit einem tödlichen Schweigen auf seinem Sitz fest. Aber es gelang ihr, sich kurz vor Mitternacht wieder zu fassen und sich mit einem förmlichen Kuß von ihm zu verabschieden. Der Präsident lehnte ab, von Homero zum Hotel begleitet zu werden, konnte aber nicht verhindern, daß er ihm half, ein Taxi zu bekommen. Als er wieder zurück in die Wohnung kam, fand Homero seine Frau außer sich vor Zorn vor.

»Das ist der bestgestürzte Präsident der Welt«, sagte sie. »Ein ungeheures Arschloch.«

Trotz der Anstrengungen, die Homero unternahm, um sie zu beruhigen, verbrachten sie schlaflos eine fürchterliche Nacht. Lázara gab zu, daß er einer der schönsten Männer war, die sie je gesehen hatte, mit einer verheerenden Verführungskraft und der Virilität eines Zuchthengstes. »So wie er jetzt ist, alt und gebeutelt, dürfte er noch ein Tiger im Bett sein«, sagte sie. Aber sie meinte, daß er diese Gottesgaben im Dienste der Täuschung verschleudert habe. Sie konnte nicht sein Getue ertragen, er sei der schlechteste Präsident seines Landes gewesen. Und nicht sein asketisches Gehabe, wo sie doch davon überzeugt war, daß ihm die Hälfte der Zuckerfabriken von Martinique gehörten. Und nicht seine geheuchelte Verachtung für die Macht, da er doch offensichtlich alles geben würde, um nur eine Minute auf den Präsidentenstuhl zurückzukehren und seine Feinde ins Gras beißen zu lassen.

»Und das alles«, faßte sie zusammen, »nur damit wir ihm zu Füßen liegen.«

»Was hat er denn davon?« fragte Homero.

»Nichts«, sagte sie. »Aber die Koketterie ist ein Laster, das mit nichts zu stillen ist.«

Ihr Zorn war so groß, daß Homero sie nicht im Bett ertrug und, eingehüllt in eine Decke, den Rest der Nacht auf dem Sofa im Wohnzimmer verbrachte. Auch Lázara stand bei Morgengrauen auf, nackt, so, wie sie immer schlief und sich

im Haus bewegte, und redete mit sich selbst, ein Monolog in einer einzigen Tonlage. In einem Augenblick löschte sie dann alle Spuren des unliebsamen Abendessens aus dem Gedächtnis der Menschheit. Bei Tagesanbruch gab sie die geliehenen Dinge zurück, wechselte die neuen gegen die alten Gardinen aus und stellte die Möbel an ihren Platz, bis die Wohnung wieder so arm und anständig aussah wie vor jenem Abend. Zuletzt riß sie die Zeitungsausschnitte, die Bilder, die Wimpel und Fähnchen der abscheulichen Kampagne ab und warf alles mit einem letzten Schrei in den Abfall.
»Scheiß drauf!«

Eine Woche nach dem Abendessen traf Homero den Präsidenten, der am Ausgang des Hospitals auf ihn wartete und ihn darum bat, ihn bis zu seinem Hotel zu begleiten. Sie stiegen steil drei Stockwerke hoch bis zu einer Mansarde mit einem einzigen Oberlicht, das auf einen aschenen Himmel ging, davor war eine Schnur mit Wäsche zum Trocknen gespannt. Außerdem gab es ein Ehebett, das die Hälfte des Raumes einnahm, einen einfachen Stuhl, ein Waschgestell und ein tragbares Bidet und einen Armeleuteschrank mit einem trüben Spiegel. Der Präsident bemerkte die Wirkung auf Homero.
»Es ist dieselbe Kammer, die ich in meiner Studentenzeit bewohnt habe«, sagte er, wie um sich zu entschuldigen. »Ich habe sie von Fort de France aus bestellt.«
Aus einem Samtbeutel nahm er den Restbestand seiner Mittel und breitete ihn auf dem Bett aus: mehrere goldene Armbänder mit unterschiedlichen Verzierungen aus Edelsteinen, ein dreireihiges Perlenkollier und zwei weitere aus Gold und Edelsteinen; drei Goldketten mit Heiligenanhängern und ein Paar goldene Ohrringe mit Smaragden, ein Paar mit Diamanten und ein anderes mit Rubinen; zwei Medaillons und ein Lockenmedaillon, elf Ringe mit allerlei edlen Steinen und

ein Brillantdiadem, das einer Königin gehört haben könnte. Dann holte er aus einem anderen Etui drei Paar silberne und zwei Paar goldene Manschettenknöpfe mit den dazugehörigen Krawattennadeln und eine in Weißgold gefaßte Taschenuhr. Zuletzt nahm er aus einer Schuhschachtel seine sechs Orden: zwei aus Gold, einen aus Silber und der Rest aus reinem Blech.

»Das ist alles, was mir noch im Leben bleibt«, sagte er.

Er hatte keine andere Wahl, als alles zu verkaufen, um die restlichen Arztkosten zu zahlen, und wünschte, daß Homero ihm mit größter Diskretion diesen Gefallen täte. Homero jedoch fühlte sich nicht in der Lage, ihm den zu erweisen, solange er keine ordentlichen Rechnungen hätte.

Der Präsident erklärte ihm, daß es sich um Schmuckstücke seiner Frau handelte, vererbt von einer Großmutter, die ihrerseits aus der Kolonialzeit ein Aktienpaket der Kolumbianischen Goldminen geerbt hatte. Die Uhr, die Manschettenknöpfe und die Krawattennadeln gehörten ihm. Und die Orden hatten selbstverständlich zuvor keinem gehört.

»Ich glaube nicht, daß irgend jemand für solche Dinge Rechnungen vorweisen kann«, sagte er.

Homero blieb unbeugsam.

»In diesem Fall«, überlegte der Präsident, »wird mir nichts anderes übrigbleiben, als mich zu stellen.«

Er begann den Schmuck mit berechneter Ruhe einzusammeln. »Verzeihen Sie mir bitte, mein lieber Homero, aber es gibt eben keine schlimmere Armut als die eines armen Präsidenten«, sagte er zu ihm. »Sogar das Überleben erscheint unwürdig.« In diesem Augenblick sah Homero ihn mit dem Herzen und gab sich geschlagen.

An jenem Abend kam Lázara spät nach Hause. Von der Tür aus sah sie den strahlenden Schmuck unter dem grellen Eßzimmerlicht, und es war, als hätte sie einen Skorpion in ihrem Bett gesehen.

»Mach keinen Ärger, Negro«, sagte sie verschreckt. »Was machen die Sachen hier?«

Homeros Erklärung beunruhigte sie noch mehr. Sie setzte sich hin, um den Schmuck Stück für Stück mit der Sorgfalt eines Goldschmieds zu prüfen. Nach einer gewissen Zeit stöhnte sie: »Das muß ein Vermögen sein.« Schließlich sah sie Homero an, ohne einen Weg aus ihrer Verblendung zu finden.

»Verdammt«, sagte sie. »Wie soll man nur wissen, ob alles, was dieser Mann sagt, wahr ist?«

»Und warum soll es das nicht sein?« meinte Homero. »Ich habe soeben gesehen, daß er selbst seine Sachen wäscht und sie genau wie wir an einem Draht im Zimmer trocknet.«

»Aus Geiz«, sagte Lázara.

»Oder aus Armut«, sagte Homero.

Lázara untersuchte erneut den Schmuck, jetzt aber weniger aufmerksam, denn auch sie hatte kapituliert. Also zog sie am nächsten Tag das Beste an, was sie hatte, schmückte sich mit den Stücken, die ihr am wertvollsten schienen, steckte sich so viele Ringe wie möglich an jeden Finger, sogar auf den Daumen, und machte sich auf den Weg, um sie zu verkaufen. »Wir wollen doch mal sehen, wer von Lázara Davis Rechnungen verlangt«, lachte sie und stolzierte davon. Sie wählte genau den richtigen, eher protzigen als gediegenen Juwelierladen aus, von dem sie wußte, daß dort An- und Verkauf ohne allzu viele Fragen betrieben wurde, und ging angsterfüllt, aber sicher auftretend hinein.

Ein förmlich gekleideter Verkäufer, hager und bleich, machte eine theatralische Geste, um ihr die Hand zu küssen, und bot seine Dienste an. Im Inneren war es durch die Spiegel und die starken Lichter heller als taghell, und der ganze Laden schien aus Diamant zu sein. Aus Angst, die Farce stände ihr ins Gesicht geschrieben, sah Lázara den Angestellten kaum an und ging weiter nach hinten.

Er forderte sie auf, sich vor einen der drei Louis-Quinze-Schreibtische zu setzen, die als Einzeltheken dienten, und breitete ein makelloses Tuch darüber aus. Dann setzte er sich Lázara gegenüber und wartete.

»Mit was kann ich dienen?«

Sie nahm die Ringe ab, die Armbänder, Ketten, Ohrringe, alles, was sie sichtbar trug, und legte Stück für Stück in Schachbrettordnung auf den Schreibtisch. Das einzige was sie wolle, sagte sie, sei, den tatsächlichen Wert zu erfahren.

Der Juwelier steckte das Monokel ins linke Auge und begann den Schmuck unter klinischem Schweigen zu untersuchen. Nach einer ganzen Weile fragte er, ohne die Untersuchung zu unterbrechen:

»Woher kommen Sie?«

Lázara hatte diese Frage nicht vorausgesehen.

»Ach, mein Herr«, seufzte sie, »von weit her.«

»Das denke ich mir«, sagte er.

Er schwieg wieder, während Lázara ihn unbarmherzig mit ihren schrecklichen Goldaugen musterte. Der Juwelier widmete dem Diamantdiadem besondere Aufmerksamkeit und legte es etwas abseits vom übrigen Schmuck. Lázara seufzte.

»Sie sind eine perfekte Jungfrau«, sagte sie.

Der Juwelier unterbrach die Untersuchung nicht.

»Wie kommen Sie darauf?«

»Durch Ihre Art«, sagte Lázara.

Er machte keine Bemerkung, bis er fertig war, und wandte sich ihr dann mit der gleichen Gemessenheit wie anfangs zu.

»Woher kommt das alles?«

»Aus der Erbschaft einer Großmutter«, sagte Lázara mit angespannter Stimme. »Sie ist letztes Jahr siebenundneunzigjährig in Paramaribo gestorben.«

Daraufhin sah der Juwelier ihr in die Augen. »Es tut mir

sehr leid«, sagte er, »aber diese Dinge sind nur so viel wert, wie das Gold wiegt.« Er hob das Diadem mit den Fingerspitzen hoch und ließ es unter dem blendenden Licht aufblitzen. »Außer diesem hier«, sagte er. »Es ist sehr alt, vielleicht ägyptisch, und wäre unschätzbar, wenn nicht die Brillanten in schlechtem Zustand wären. Aber auch so hat es einen gewissen historischen Wert.«

Die Steine der anderen Preziosen, die Amethyste, die Smaragde, die Rubine, die Opale, waren dagegen ausnahmslos falsch. »Zweifellos waren die Originale gut«, sagte der Juwelier, während er die Stücke einsammelte, um sie zurückzugeben. »Aber beim Gang durch die Generationen sind die echten Steine auf der Strecke geblieben und durch Flaschenböden ersetzt worden.« Lázara spürte, wie ihr schlecht wurde, sie atmete tief ein und beherrschte ihre Panik. Der Verkäufer tröstete sie:

»Das geschieht häufig, meine Dame.«

»Ich weiß schon«, sagte Lázara erleichtert. »Deshalb möchte ich sie loswerden.«

Dann spürte sie, daß sie jenseits der Farce angelangt war, und wurde wieder sie selbst. Ohne Umschweife holte sie die Manschettenknöpfe, die Taschenuhr, die Krawattennadeln, die Orden aus Gold und Silber und den restlichen persönlichen Krimskrams des Präsidenten aus der Tasche und legte alles auf den Tisch.

»Das auch?« fragte der Juwelier.

»Alles«, sagte Lázara.

Die Schweizer Franken, die ihr ausgezahlt wurden, waren so neu, daß sie fürchtete, sich die Finger mit der frischen Druckfarbe zu beschmieren. Sie nahm das Geld entgegen, ohne es zu zählen, und an der Tür verabschiedete sie der Juwelier auf die gleiche zeremonielle Weise. Während er für sie die Glastür öffnete und sie schon hinausging, hielt er sie noch einen Augenblick auf.

»Und noch ein letztes, gnädige Frau«, sagte er zu ihr, »ich bin Wassermann.«
Bei Einbruch der Nacht trugen Homero und Lázara das Geld ins Hotel. Als alles gezählt war, fehlte immer noch ein wenig. Also legte der Präsident ab, was er gerade trug, die Taschenuhr mit der Kette, die Manschettenknöpfe und die Krawattennadel, und legte alles auf das Bett.
Lázara gab ihm den Ring zurück.
»Das nicht«, sagte sie. »Eine solche Erinnerung darf man nicht verkaufen.«
Der Präsident stimmte dem zu und steckte den Ring wieder an. Lázara gab ihm auch die Uhr für die Weste zurück. »Das hier auch nicht«, sagte sie. Der Präsident war damit nicht einverstanden, aber sie steckte die Uhr wieder an ihren Platz. »Wer kommt schon auf die Idee, Uhren in der Schweiz zu verkaufen?«
»Wir haben schon eine verkauft«, sagte der Präsident.
»Ja, aber nicht der Uhr, sondern des Goldes wegen.«
»Diese hier ist auch aus Gold«, sagte der Präsident.
»Ja«, sagte Lázara. »Aber Sie können sogar ohne Operation weitermachen, aber nicht ohne zu wissen, wieviel Uhr es ist.«
Sie nahm auch nicht das goldene Brillengestell an, obgleich er ein anderes aus Horn hatte. Sie wog die Stücke in der Hand und setzte den Zweifeln ein Ende.
»Außerdem reicht das«, sagte sie.
Bevor sie ging, holte sie, ohne ihn zu fragen, die nasse Wäsche herunter und nahm sie mit, um sie bei sich zu Hause zu trocknen und zu bügeln. Sie fuhren auf dem Motorroller weg, Homero lenkte, und Lázara saß auf dem Gepäckrost, die Arme um seine Taille gelegt. Die Straßenbeleuchtung war eben im malvenfarbenen Abend angegangen. Der Wind hatte die letzten Blätter weggerissen, und die Bäume sahen wie gerupfte Fossilien aus. Ein Schleppkahn fuhr die Rhône

hinab, das Radio auf voller Lautstärke, und hinterließ einen Strom von Musik in den Straßen. Georges Brassens sang: *Mon amour tiens bien la barre, le temps va passer par là, et le temps est un barbare dans le genre d'Attila, par là où son cheval passe l'amour ne repousse pas.* Homero und Lázara rasten schweigend dahin, betäubt von dem Lied und dem erinnerungswürdigen Duft der Hyazinthen. Nach einer Weile schien sie aus einem langen Schlaf aufzuwachen.

»Scheiße«, sagte sie.

»Was?«

»Der arme Alte«, sagte Lázara. »Was für ein Scheißleben!«

Am folgenden Freitag, dem 7. Oktober, unterzog sich der Präsident einer fünfstündigen Operation, die zunächst alles so im dunkeln beließ wie zuvor. Eigentlich war der einzige Trost zu wissen, daß er lebte. Nach zehn Tagen wurde er in ein Mehrbettzimmer mit anderen Kranken verlegt, und sie konnten ihn besuchen. Er war ein anderer: verstört und abgezehrt, und das licht gewordene Haar löste sich bei der bloßen Berührung mit dem Kopfkissen. Von seiner ehemaligen Erscheinung war ihm nur die Beweglichkeit der Hände geblieben. Sein erster Versuch, mit zwei Krücken zu laufen, war herzzerreißend. Lázara schlief nachts an seiner Seite, um ihm die Ausgaben für eine Nachtschwester zu ersparen. Einer der Kranken im Zimmer schrie die Nacht über vor Todesangst. Diese endlosen Nachtwachen ließen Lázaras letzten Vorbehalte schwinden.

Vier Monate nach seiner Ankunft in Genf wurde er entlassen. Homero, der ein strenger Verwalter der kargen Mittel des Präsidenten war, zahlte die Rechnungen und lud ihn in seinen Krankenwagen, zusammen mit anderen Angestellten, die dabei halfen, den Präsidenten bis in den achten Stock hinaufzubringen. Er zog in das Zimmer der Kinder ein, die er nie richtig kennenlernte, und kehrte nach und nach in die

Wirklichkeit zurück. Seinen Rehabilitationsübungen unterzog er sich mit militärischer Strenge und lief dann wieder nur mit Hilfe seines Stocks. Doch selbst in den guten Kleidungsstücken von einst war er weit davon entfernt, er selbst zu sein, und zwar sowohl wegen seines Aussehens als auch wegen seiner Art. Den strengen Winter fürchtend, der sich schon ankündigte und dann wirklich der bisher härteste in diesem Jahrhundert wurde, beschloß er, gegen den Rat seiner Ärzte, die ihn noch etwas länger beobachten wollten, auf einem Schiff zurückzukehren, das am 13. Dezember von Marseille auslief. Im letzten Augenblick reichte das Geld nicht, und Lázara wollte es hinter dem Rücken ihres Mannes aufstocken, indem sie einmal mehr an die Ersparnisse für die Kinder ging, fand jedoch auch da weniger als erwartet vor. Woraufhin ihr Homero gestand, daß er hinter ihrem Rücken etwas davon genommen hatte, um den Rest der Krankenhausrechnung zu begleichen.

»Nun gut«, sagte Lázara ergeben, »sagen wir, es war der älteste Sohn.«

Am 11. Dezember setzten sie ihn bei heftigem Schneesturm in den Zug nach Marseille, und erst als sie zurück nach Hause kamen, fanden sie einen Abschiedsbrief auf dem Nachttisch der Kinder vor. Dort hatte er auch seinen Ehering für Bárbara gelassen, zusammen mit dem seiner verstorbenen Frau, den er nie zu verkaufen versucht hatte, und die Taschenuhr mit Kette für Lázaro. Da es Sonntag war, waren einige der karibischen Nachbarn, die das Geheimnis entdeckt hatten, mit einer Harfnergruppe aus Veracruz zum Bahnhof Cornavin gekommen. Der Präsident, atemlos, in seinem schäbigen Mantel und einem langen bunten Schal, der Lázara gehört hatte, blieb aber nichtsdestotrotz auf der Plattform des letzten Waggons und winkte im peitschenden Sturm mit dem Hut. Der Zug begann zu beschleunigen, als Homero merkte, daß er noch den Gehstock hatte. Er rannte zum Ende des Bahnsteigs und warf ihn dem Präsidenten mit genügend Schwung zu, so daß der ihn in der Luft hätte fangen können, doch der Stock fiel zwischen die Räder und wurde zermalmt. Es war ein Augenblick des Entsetzens. Das letzte, was Lázara sah, war die zittrige Hand, die sich ausstreckte, um den Stock zu erhaschen, den sie niemals erreichte, und den Schaffner, dem es gelang, den schneebedeckten Greis am Schal zu packen und im freien Fall zu retten. Lázara rannte ihrem Mann aufgewühlt entgegen und versuchte, unter Tränen zu lachen.

»Du lieber Gott«, schrie sie ihm zu, »dieser Mann ist nicht totzukriegen.«

Er kam wohlbehalten und gesund an, wie er in einem ausführlichen Dankestelegramm verkündete. Über ein Jahr lang war nichts mehr von ihm zu hören. Endlich kam ein Brief, sechs handgeschriebene Seiten lang, in dem er schon nicht mehr wiederzuerkennen war. Der Schmerz hatte sich wieder eingestellt, so stark und pünktlich wie zuvor, aber er hatte beschlossen, nicht darauf zu achten und das Leben so zu leben, wie es kam. Der Dichter Aimé Césaire hatte ihm einen neuen Stock mit Elfenbeinintarsien geschenkt, aber er war entschlossen, ihn nicht zu benutzen. Seit sechs Monaten aß er regelmäßig Fleisch und alle Arten von Meeresfrüchten und war in der Lage, bis zu zwanzig Tassen Hochlandkaffee zu trinken. Er las aber nicht mehr aus dem Kaffeesatz, weil das Gegenteil seiner Prognosen eintrat. Anläßlich seines fünfundsiebzigsten Geburtstags hatte er ein Paar Gläschen von dem köstlichen Rum Martiniques getrunken, die ihm sehr gut bekommen waren, und er hatte wieder zu rauchen begonnen. Er fühlte sich natürlich nicht besser, aber auch nicht schlechter. Der wahre Grund für seinen Brief war jedoch, ihnen mitzuteilen, daß er mit dem Gedanken spiele, in sein Land zurückzukehren, um sich dort an die Spitze einer Erneuerungsbewegung für eine gerechte Sache und ein würdiges Vaterland zu stellen, und sei es nur des kleinlichen Ruhms wegen, nicht an Altersschwäche im Bett zu sterben. In diesem Sinne, so schloß der Brief, war die Reise nach Genf schicksalhaft gewesen.

Juni 1979

Die Heilige

Zweiundzwanzig Jahre später sah ich Margarito Duarte wieder. Er tauchte plötzlich in einem der geheimen Gäßchen Trasteveres auf, und ich hatte Mühe, ihn mit seinem gebrochenen Spanisch und dem gefälligen Auftreten eines alten Römers auf den ersten Blick wiederzuerkennen. Er hatte weißes dünnes Haar, und keine Spur war geblieben von dem trübseligen Verhalten und der Friedhofskleidung eines Anwalts aus dem Andenhochland, mit denen er zuerst in Rom angekommen war, aber im Laufe des Gesprächs habe ich ihn nach und nach aus der Niedertracht seiner Jahre geborgen und sah ihn wieder, wie er war: geheimnisvoll, unberechenbar und von der Hartnäckigkeit eines Steinmetzes. Vor der zweiten Tasse Kaffee in einer unserer Bars aus vergangener Zeit wagte ich, ihm die Frage zu stellen, die mich innerlich zerfraß.

»Was ist mit der Heiligen geschehen?«

»Der Heiligen geht es gut«, antwortete er mir. »Sie wartet.«

Nur der Tenor Rafael Ribero Silva und ich konnten die ungeheure menschliche Bürde in seiner Antwort ermessen. Wir kannten sein Drama so gut, daß ich jahrelang meinte, Margarito Duarte sei die Figur auf der Suche nach einem Autor, auf die wir Romanschreiber ein Leben lang warten, und wenn ich mich nie von ihr habe finden lassen, dann nur, weil mir das Ende ihrer Geschichte unvorstellbar schien.

Er war in jenem strahlenden Frühling nach Rom gekommen, als Pius XII. an einem krankhaften Schluckauf litt, den weder die guten noch die bösen Künste von Ärzten und Hexenmeistern beheben konnten. Margarito hatte zum ersten Mal sein schroffes Dorf bei Tolima in den kolumbianischen Anden verlassen, und das sah man sogar an der Art, wie er schlief. Er war eines Morgens in unserem Konsulat mit einer

Kiste aus poliertem Kiefernholz erschienen, die nach ihrer Form und Größe wie ein Cellokasten aussah, und legte dem Konsul den erstaunlichen Grund seiner Reise dar. Der Konsul rief daraufhin seinen Landsmann Ribero Silva an, damit der ihm ein Zimmer in der Pension besorge, in der wir beide wohnten.

Margarito Duarte hatte nur die Grundschule besucht, doch seine Neigung zur schönen Literatur, die leidenschaftliche Lektüre jedweden bedruckten Materials, das ihm in die Finger kam, hatten ihm eine breitere Bildung verschafft. Mit achtzehn Jahren, er war damals Gemeindeschreiber, heiratete er ein schönes Mädchen, das wenig später bei der Geburt der ersten Tochter starb. Diese, schöner noch als die Mutter, starb mit sieben Jahren an einem unbekannten Fieber. Aber die eigentliche Geschichte von Margarito Duarte hatte sechs Monate vor seiner Ankunft in Rom begonnen, als der Friedhof seines Dorfes verlegt werden mußte, weil ein Staudamm gebaut wurde. Wie alle Bewohner der Gegend, grub Margarito Duarte die Knochen seiner Toten aus, um sie auf den neuen Friedhof zu bringen. Seine Frau war Staub. Im Nachbargrab jedoch war das Mädchen nach elf Jahren unverändert. Als der Sargdeckel geöffnet wurde, war sogar der Hauch der frischen Rosen, mit denen man sie begraben hatte, zu spüren. Das erstaunlichste aber war, daß der Körper kein Gewicht mehr hatte.

Angezogen vom Lärm um das Wunder, überschwemmten Hunderte von Neugierigen das Dorf. Es gab keinen Zweifel. Die Unverwesbarkeit des Körpers war ein untrügliches Zeichen der Heiligkeit, und sogar der Bischof der Diözese war damit einverstanden, daß ein solches Wunder dem Urteil des Vatikans unterzogen werden müsse. Also wurde eine Kollekte veranstaltet, damit Margarito Duarte nach Rom fahren und dort für eine Sache fechten könne, die

nicht mehr nur allein ihn oder die engere Dorfgemeinschaft anging, sondern eine Staatsangelegenheit war.
Während er uns in der Pension im ruhigen Parioli-Viertel seine Geschichte erzählte, nahm Margarito Duarte das Schloß von dem kunstvollen Koffer und öffnete den Deckel. So kam es, daß der Tenor Ribero Silva und ich an dem Wunder teilhatten. Sie sah nicht wie eine der welken Mumien aus, die man in so vielen Museen der Welt sehen kann, sondern wie ein bräutlich gekleidetes Kind, das nach einem langen Aufenthalt unter der Erde weiterschlief. Die Haut war glatt und warm, und die offenen durchsichtigen Augen weckten die unerträgliche Vorstellung, daß sie uns aus dem Tod ansahen. Die Seide und die falschen Orangenblüten des Kranzes hatten den Angriff der Zeit nicht so gesund überstanden wie die Haut, aber die Rosen, die man ihr in die Hände gelegt hatte, lebten nach wie vor. Das Gewicht des Kiefernkastens blieb tatsächlich das gleiche, nachdem wir den Körper herausgenommen hatten.
Margarito Duarte nahm am Tag nach seiner Ankunft sein Vorhaben in Angriff. Zunächst mit diplomatischer Unterstützung, die eher barmherzig als effektiv war, und dann mit jedem nur denkbaren Trick, um die unzähligen Hürden des Vatikans zu überwinden. Er war immer sehr reserviert, was seine Unternehmungen anging, doch man wußte, daß es viele und vergebliche waren. Er knüpfte Kontakte zu jedem humanitären Verein und jeder religiösen Gemeinschaft, auf die er stieß; dort hörte man ihn aufmerksam, aber ohne Staunen an und versprach, sofort Schritte zu unternehmen, die jedoch nie zum Ziel führten. Es war allerdings auch nicht die günstigste Zeit. Alles, was mit dem Heiligen Stuhl zu tun hatte, war aufgeschoben worden, bis der Papst den Schluckauf überwunden haben würde, der nicht nur gegen die raffiniertesten Bemühungen der Schulmedizin, sondern auch gegen jede Art von

magischen Heilmitteln, die man aus aller Welt schickte, resistent war.
Endlich im Juli erholte sich Pius XII. und fuhr in den Sommerurlaub nach Castel Gandolfo. Margarito nahm die Heilige auf die erste wöchentliche Audienz mit, in der Hoffnung, sie ihm zeigen zu können. Der Papst erschien im Innenhof, auf einem so niedrigen Balkon, daß Margarito seine gut polierten Fingernägel sehen konnte und sogar seinen Lavendelhauch spürte. Aber der Papst wandelte nicht, wie Margarito erwartet hatte, durch die Schar der Touristen, die aus aller Welt gekommen waren, sondern wiederholte ein und dieselbe Ansprache in sechs Sprachen und schloß mit dem allgemeinen Segen.
Nach so vielen Verzögerungen beschloß Margarito, die Sache persönlich anzugehen, und trug einen fast sechzig Seiten langen handgeschriebenen Brief in die Staatskanzlei, auf den er keine Antwort bekam. Das hatte er vorausgesehen, denn der Beamte, der den Brief mit den üblichen Formalitäten entgegennahm, ließ sich kaum dazu herab, einen dienstlichen Blick auf das tote Kind zu werfen, und die Angestellten, die dort vorbeikamen, schauten es ohne jegliches Interesse an. Einer von ihnen erzählte Margarito, daß sie im vergangenen Jahr über achthundert Briefe aus verschiedenen Gegenden der Welt bekommen hätten, die sich um die Heiligsprechung von unverwesten Leichen bemühten. Margarito bat schließlich, man solle sich von der Schwerelosigkeit des Körpers überzeugen. Der Beamte stellte sie fest, weigerte sich jedoch, sie anzuerkennen.
»Es dürfte sich um einen Fall von kollektiver Suggestion handeln«, sagte er.
In seinen knappen freien Stunden und an den öden Sommersonntagen blieb Margarito in seinem Zimmer und vergrub sich in die Lektüre irgendeines Buches, das seiner Sache dienlich schien. Jeweils am Ende des Monats machte er von

sich aus in seiner geschnörkelten Schrift des Berufsschreibers eine minutiöse Aufstellung seiner Ausgaben in ein Schulheft, um den Spendern in seinem Dorf gewissenhaft, wie es sich gehörte, Rechenschaft abzulegen. Bevor das Jahr zu Ende ging, kannte er die Labyrinthe Roms, als sei er in ihnen geboren, sprach ein einfaches Italienisch, das aus ebenso wenigen Worten wie sein Andenspanisch bestand, und wußte so viel wie nur einer über Kanonisierungsprozesse. Aber es verging noch sehr viel Zeit, bevor er seine düstere Kleidung und die Weste und den Hut eines Staatsdieners ablegte, die im damaligen Rom das Zeichen einiger Geheimgesellschaften mit nicht beichtbaren Zielen war. Er ging sehr früh mit dem Kasten der Heiligen aus dem Haus und kam manchmal erst spätabends zurück, erschöpft und traurig, sah aber immer einen Lichtschimmer, der ihm neuen Mut für den nächsten Tag einflößte. »Die Heiligen leben in ihrer eignen Zeit«, pflegte er zu sagen.

Ich war zum ersten Mal in Rom, studierte am Centro Sperimentale di Cinematografia und lebte seinen Leidensweg mit einer unvergeßbaren Intensität mit. Die Pension, in der wir wohnten, war eigentlich eine moderne Wohnung wenige Schritte von der Villa Borghese entfernt; die Besitzerin hatte zwei Zimmer selbst belegt und vermietete vier an ausländische Studenten. Wir nannten sie María Bella, und sie war hübsch und temperamentvoll in der Fülle ihres Herbstes und hielt sich stets treu an den heiligen Grundsatz, daß jeder in seinem Zimmer der absolute Herrscher ist. In Wirklichkeit trug ihre ältere Schwester, Tante Antonieta, die Last des täglichen Lebens, ein Engel ohne Flügel, der tagsüber stundenweise für sie arbeitete, überall mit Eimer und Strohbesen zugange war und den Marmor der Böden über das Mögliche hinaus zum Glänzen brachte. Von ihr lernten wir, Singvögel zu verspeisen, die ihr Mann Bartolino schoß, eine schlechte Angewohnheit aus Kriegszeiten, und sie nahm schließlich

auch Margarito mit zu sich nach Hause, als dessen Mittel nicht mehr ausreichten, die Preise bei María Bella zu zahlen.
Nichts entsprach Margaritos Wesen weniger als jenes Haus ohne Regeln. Zu jeder Uhrzeit hatte er eine Neuigkeit für uns bereit, sogar bei Morgengrauen, wenn uns das furchterregende Gebrüll des Löwen im Zoo der Villa Borghese weckte. Der Tenor Ribero Silva hatte sich das Privileg erworben, daß die Römer ihm seine frühmorgendlichen Übungen nachsahen. Er stand um sechs Uhr auf, nahm ein medizinisches Kaltwasserbad, richtete sich den Bart und die mephistophelischen Augenbrauen, und erst wenn er fertig war, in seinen Morgenmantel mit Schottenkaros, den Schal aus chinesischer Seide und sein persönliches Kölnisch Wasser gehüllt, gab er sich mit Leib und Seele seinen Gesangsübungen hin. Er öffnete sperrangelweit das Fenster des Zimmers, sogar bei winterlichen Sternen, und begann die Stimme mit fortlaufenden Phrasierungen großer Liebesarien aufzuwärmen, bis er dann mit voller Stimmkraft einsetzte. Täglich wartete man darauf, daß, wenn er das C mit Bruststimme schmetterte, ihm der Löwe aus der Villa Borghese mit einem erdbebenartigen Brüllen antwortete.
»Du bist die Reinkarnation des heiligen Markus, *figlio mio*«, rief Tante Antonieta wahrhaft erstaunt aus. »Nur er konnte mit den Löwen sprechen.«
Eines Morgens war es nicht der Löwe, der ihm antwortete. Der Tenor stimmte das Liebesduett aus dem *Othello* an: *Già nella notte densa s'estingue ogni clamor*. Plötzlich erreichte uns aus der Tiefe des Hofes in einem wunderschönem Sopran die Antwort. Der Tenor fuhr fort, und die beiden Stimmen sangen das vollständige Stück, zur Erquikkung der Nachbarn, deren Fenster sich öffneten, damit der Strom jener unwiderstehlichen Liebe die Wohnungen segne. Der Tenor wäre fast in Ohnmacht gefallen, als er er-

fuhr, daß seine unsichtbare Desdemona niemand anderes als die große Maria Caniglia war.
Ich habe den Eindruck, daß jene Episode für Margarito Duarte der überzeugende Anlaß war, sich in das Leben des Hauses einzugliedern. Von da an setzte er sich mit allen an den gemeinsamen Tisch und nicht, wie zu Anfang, in die Küche, wo Tante Antonieta ihn fast täglich mit ihrem meisterhaften Singvogelgericht beglückt hatte. María Bella las nach dem Essen aus den Tageszeitungen vor, um uns an die italienische Aussprache zu gewöhnen, und schmückte die Nachrichten mit einer Willkür und einer Komik aus, die uns das Leben erheiterte. Eines Tages erzählte sie uns im Zusammenhang mit der Heiligen, daß es in Palermo ein riesiges Museum mit den unversehrten Leichen von Männern, Frauen und Kindern und sogar mehreren Bischöfen gäbe, die alle aus ein und demselben Kapuzinerfriedhof geborgen worden seien. Die Nachricht beunruhigte Margarito dermaßen, daß er keinen ruhigen Augenblick hatte, bis wir nach Palermo fuhren. Aber ein flüchtiger Blick auf die bedrükkenden Galerien der ruhmlosen Mumien genügte ihm, um sich ein tröstliches Urteil zu bilden.
»Das ist nicht dasselbe«, sagte er. »Diesen sieht man sofort an, daß sie tot sind.«
Nach dem Mittagessen erlag Rom dem Augustschlaf. Die Mittagssonne blieb unbeweglich am hohen Himmel stehen, und in der Stille um zwei Uhr nachmittags hörte man nur das Gemurmel des Wassers, das Roms natürliche Stimme ist. Aber gegen sieben Uhr abends öffneten sich die Fenster auf einen Schlag, um die in Bewegung geratene frische Luft hereinzulassen, und eine fröhliche Menge stürzte sich mit keinem anderen Ziel als zu leben auf die Straßen, mitten zwischen die knatternden Motorroller, die Schreie der Wassermelonenverkäufer und die Liebeslieder von den blühenden Terrassen.

Der Tenor und ich hielten keine Siesta. Wir fuhren auf seiner Vespa, er lenkte, ich saß auf dem Sozius, und wir holten Eis und Schokolade für die Sommerhürchen, die unter den hundertjährigen Lorbeerbäumen der Villa Borghese herumflatterten, auf der Suche nach umgetriebenen Touristen in praller Sonne. Die Hürchen waren schön, arm und zärtlich, wie die meisten Italienerinnen zu jener Zeit, sie waren in blauen Organdy, rosa Popeline, grünes Leinen gekleidet und schützten sich vor der Sonne mit mottenzerfressenen Schirmen aus der Regenzeit des vergangenen Krieges. Es war ein menschliches Vergnügen, mit ihnen zusammenzusein, denn sie setzten sich über die Gesetze ihres Berufs hinweg und gönnten sich den Luxus, einen guten Kunden zu verlieren, um mit uns in der Bar an der Ecke einen angenehm verplauderten Kaffee zu trinken oder in den Mietkutschen über die Parkwege auszufahren oder die entthronten Könige und ihre tragischen Geliebten zu bemitleiden, die in der Abenddämmerung im *galloppatoio* ausritten. Mehr als einmal haben wir ihnen auch als Dolmetscher bei irgendeinem verkrachten Gringo gedient.

Nicht wegen der Mädchen haben wir Margarito Duarte in die Villa Borghese geführt, sondern damit er den Löwen kennenlernte. Der lebte frei auf einem wüstenhaften Eiland, das von einem tiefen Graben umgeben war, und begann, kaum daß er uns gesichtet hatte, derart unruhig zu brüllen, daß der Wärter sich wunderte. Die Parkbesucher kamen erstaunt heran. Der Tenor versuchte sich mit seinem morgendlichen Bruststimmen-C zu erkennen zu geben, doch der Löwe achtete nicht darauf. Er schien ziellos in unsere Richtung zu brüllen, doch der Wärter merkte sofort, daß er nur für Margarito brüllte. So war es: Wohin der sich bewegte, dahin bewegte sich auch der Löwe, und sobald er sich versteckte, hörte der Löwe auf zu brüllen. Der Wärter, ein Doktor der klassischen Philologie von der Universität Siena,

meinte, daß Margarito an jenem Tag mit anderen Löwen zusammengewesen sein müsse und ihren Geruch angenommen habe. Außer dieser Erklärung, die unzutreffend war, fiel ihm keine andere ein.
»Jedenfalls ist es kein Kriegsgebrüll«, sagte er, »sondern ein mitleidiges Brüllen.«
Den Tenor Ribero Silva beeindruckte jedoch nicht jene übernatürliche Episode, wohl aber die Erschütterung Margaritos, als man anhielt, um mit den Mädchen aus dem Park zu plaudern. Er sprach es bei Tisch an, und wir waren uns einig, die einen aus Schelmerei, die anderen aus Verständnis, daß es ein gutes Werk wäre, Margarito bei der Überwindung seiner Einsamkeit zu helfen. Gerührt von der Mildheit unserer Herzen, drückte María Bella die mit Phantasieringen geschmückten Hände an ihre biblischen Urmutterbrüste.
»Ich täte es aus Barmherzigkeit«, sagte sie, »aber ich habe es noch nie mit Männern gekonnt, die Westen tragen.«
So kam es, daß der Tenor um zwei Uhr mittags durch die Villa Borghese fuhr und jene Lustbiene auf den Rücksitz seiner Vespa lud, die ihm am geeignetsten erschien, Margarito Duarte eine Stunde lang gute Gesellschaft zu leisten. In seinem Zimmer ließ er sie sich nackt ausziehen, badete sie in duftender Seife, trocknete sie ab, parfümierte sie mit seinem eigenen Kölnisch Wasser und puderte sie ganz mit dem Kampferpuder, den er nach dem Rasieren benutzte. Zuletzt zahlte er ihr die Zeit, die schon vergangen war, und eine Stunde dazu und gab ihr Punkt für Punkt an, was sie zu tun hatte.
Die nackte Schöne ging auf Zehenspitzen durch das dämmrige Haus, wie ein Siestatraum, und klopfte zweimal sanft an das hinterste Zimmer. Margarito Duarte öffnete barfuß und ohne Hemd.
»*Buona sera, giovanotto*«, sagte sie mit der Stimme und dem Auftreten einer Schülerin. »*Mi manda il tenore*.«

Margarito steckte den Schlag mit großer Würde ein. Er öffnete die Tür, um sie vorbeizulassen, und sie legte sich aufs Bett, während er sich in aller Eile Hemd und Schuhe anzog, um ihr mit dem nötigen Anstand zu begegnen. Dann setzte er sich neben sie auf einen Stuhl und begann ein Gespräch. Erstaunt sagte das Mädchen, er solle sich beeilen, denn sie hätten nur eine Stunde zur Verfügung. Er reagierte nicht darauf.

Das Mädchen sagte später, sie wäre auf jeden Fall so lange geblieben, wie er gewollt hätte, ohne auch nur etwas dafür zu verlangen, da es auf der Welt keinen höflicheren Mann gebe. Ohne zu wissen, was sie, während die Zeit verging, tun sollte, schaute sie sich das Zimmer an und entdeckte den Holzkasten auf dem Kamin. Sie fragte, ob es ein Saxophon sei. Margarito antwortete ihr nicht, sondern öffnete leicht den Fensterladen, damit ein wenig Licht hereinkäme, brachte den Kasten ans Bett und hob den Deckel. Das Mädchen versuchte etwas zu sagen, renkte sich dabei jedoch den Kiefer aus. Oder wie sie später zu uns sagte: *Mi si gelò il culo*. Sie flüchtete voller Entsetzen, irrte sich aber in der Richtung und traf auf Tante Antonieta, die gerade eine neue Glühbirne in die Lampe meines Zimmers schrauben wollte. Beide erschraken so sehr, daß das Mädchen bis spät in der Nacht nicht wagte, das Zimmer des Tenors zu verlassen.

Tante Antonieta erfuhr nie, was geschehen war. Sie betrat so verschreckt mein Zimmer, daß es ihr mit ihren zitternden Händen nicht gelang, die Glühbirne in die Lampe zu schrauben. Ich fragte, was sie hätte. »In diesem Haus spukt es«, sagte sie. »Und jetzt schon am hellichten Tag.« Sie erzählte mir zutiefst überzeugt, daß während des Krieges ein deutscher Offizier seine Geliebte in dem Zimmer, das nun der Tenor bewohnte, geköpft habe. Sehr oft sei ihr, wenn sie ihre Arbeiten erledigte, die ermordete Schöne erschienen, die auf den Fluren ihre Schritte zurückzunehmen suchte.

»Ich habe sie eben nackt auf dem Gang gesehen«, sagte sie. »Genauso sah sie aus.«

Die Stadt gewann im Herbst ihre Routine zurück. Die Blumenterrassen des Sommers wurden an den ersten windigen Tagen geschlossen, und der Tenor und ich gingen wieder in die alte Trattoria nach Trastevere, wo wir mit den Gesangschülern des Grafen Carlo Calcagni und einigen meiner Mitstudenten aus der Filmschule zu essen pflegten. Von letzteren kam am häufigsten Lakis, ein intelligenter und sympathischer Grieche, dessen einziger Fehler seine einschläfernden Vorträge über soziale Ungerechtigkeit waren. Zum Glück gelang es den Tenören und Sopranistinnen fast immer, ihn mit lauthals gesungenen Fetzen von Opern zu übertönen, womit sie sogar nach Mitternacht niemanden störten. Im Gegenteil, einige Nachtschwärmer, die vorbeikamen, fielen in den Chor ein, und in der Nachbarschaft wurden die Fenster geöffnet, und es gab Applaus.

Eines Nachts, als wir sangen, kam Margarito auf Zehenspitzen herein, um uns nicht zu unterbrechen. Er hatte den Kiefernkasten dabei, denn er hatte nicht mehr Zeit gehabt, ihn in der Pension abzustellen, nachdem er die Heilige dem Gemeindepfarrer von San Giovanni im Lateran gezeigt hatte, dessen Einfluß auf die Heilige Kongregation des Ritus allgemein bekannt war. Aus den Augenwinkeln sah ich, wie er den Kasten unter einen abseits stehenden Tisch stellte, sich setzte und wartete, bis wir aufhörten zu singen. Wie immer auf der Schneide zur Mitternacht, wenn die Trattoria sich zu leeren begann, stellten wir mehrere Tische zusammen, und dann waren wir unter uns, die, die sangen, die, die über Filme sprachen, und unsere Freunde. Und darunter auch Margarito Duarte, der dort als der stille, traurige Kolumbianer bekannt war, über den niemand etwas wußte. Neugierig fragte ihn Lakis, ob er Cello spiele. Ich zuckte bei dieser Indiskretion zusammen, die schwer zu überspielen war.

Dem Tenor, so peinlich berührt wie ich, gelang es nicht, die Situation zu retten. Margarito war der einzige, der die Frage ganz natürlich aufnahm.

»Das ist kein Cello«, sagte er. »Das ist die Heilige.«

Er stellte die Kiste auf den Tisch, öffnete das Schloß und hob den Deckel. Eine Welle des Erstaunens erschütterte das Restaurant. Die anderen Gäste, die Kellner und schließlich die Leute aus der Küche mit ihren blutigen Schürzen versammelten sich sprachlos, um das Wunder zu betrachten. Einige bekreuzigten sich. Eine der Köchinnen kniete, von einem fiebrigen Beben befallen, mit gefalteten Hände nieder und betete schweigend.

Als die anfängliche Erschütterung vorüber war, verstrickten wir uns jedoch in eine lautstarke Diskussion über die Unzulänglichkeit des Heiligen in unserer Zeit. Lakis war natürlich der Radikalste. Das einzige, was am Ende herauskam, war seine Idee, einen kritischen Film über das Thema der Heiligen zu drehen.

»Ich bin sicher«, sagte er, »daß sich der alte Cesare dieses Thema nicht entgehen lassen würde.«

Er meinte Cesare Zavattini, unseren Lehrer für Drehbuch und Filmstoffe, einer der Großen der Filmgeschichte und der einzige, der auch außerhalb der Schule eine persönliche Beziehung zu uns pflegte. Er versuchte uns nicht nur das Handwerk beizubringen, sondern auch einen anderen Blick auf das Leben. Er war eine Denkmaschine für Stoffe. Sie sprudelten aus ihm heraus, fast gegen seinen Willen. Und mit einer solchen Geschwindigkeit, daß er immer irgend jemanden brauchte, der ihm dabei half, sie laut zu denken und im Flug zu erhaschen. Nur wurde er trübsinnig, wenn er sich etwas fertig ausgedacht hatte. »Schade, daß man das drehen muß«, pflegte er zu sagen. Denn er meinte, daß es auf der Leinwand viel von seinem ursprünglichen Zauber verlieren würde. Er hielt die Ideen auf Karten fest, die nach Themen geordnet und mit Nadeln an die Wand gepinnt wurden, und er hatte so viele davon, daß sie ein ganzes Zimmer in seinem Haus füllten.

Am Samstag darauf gingen wir mit Margarito Duarte zu ihm. Er war so gierig auf das Leben, daß er schon an der Tür seines Hauses in der Straße Angela Merici auf uns wartete, er fieberte der Idee entgegen, die wir ihm am Telefon angekündigt hatten. Er begrüßte uns nicht einmal mit der üblichen Freundlichkeit, sondern führte Margarito zu einem schon vorbereiteten Tisch und öffnete selbst den Kasten. Dann geschah das, womit wir am wenigsten gerechnet hatten. Statt wie erwartet aus dem Häuschen zu geraten, erlitt er eine Art geistiger Lähmung.

»*Ammazza*!« murmelte er entsetzt.

Er sah die Heilige schweigend zwei oder drei Minuten an, schloß selbst die Kiste und führte, ohne etwas zu sagen, Margarito zur Tür, wie ein Kind, das seine ersten Schritte tut. Er verabschiedete ihn mit einem kleinen Schulterklopfen. »Danke, mein Sohn, vielen Dank«, sagte er zu ihm. »Und Gott möge dich bei deinem Kampf begleiten.« Als er die Tür geschlossen hatte, drehte er sich zu uns um und gab sein Urteil ab.

»Das taugt nicht fürs Kino«, sagte er. »Niemand würde es glauben.«

Diese überraschende Lektion begleitete uns auf der Rückfahrt in der Trambahn. Wenn er das sagte, brauchte man nicht weiter darüber nachzudenken: Die Geschichte taugte nicht. Dennoch empfing uns María Bella mit einer dringlichen Nachricht, Zavattini erwarte uns noch am selben Abend, aber ohne Margarito.

Wir trafen ihn in einer seiner Sternstunden an. Lakis hatte zwei oder drei Mitstudenten mitgebracht, aber diese schien Zavattini nicht einmal zu sehen, als er die Tür öffnete.

»Ich hab's!« schrie er. »Der Film wird wie eine Bombe einschlagen, wenn Margarito das Wunder vollbringt, das Mädchen wiederzuerwecken.«

»Im Film oder im Leben?« fragte ich ihn.

Er unterdrückte sein Mißfallen. »Sei nicht blöd«, sagte er. Aber gleich darauf sahen wir in seinen Augen den Glanz eines unwiderstehlichen Gedankens. »Wenn er Sie nicht sogar im wirklichen Leben wiedererwecken kann«, sagte er und überlegte ernsthaft: »Er müßte es probieren.«

Es war nur eine momentane Versuchung, bevor er den Faden wiederaufnahm. Er begann wie ein glücklicher Narr durch das Haus zu laufen, gestikulierte mit wilden Handbewegungen und rezitierte den Film mit großem Stimmaufwand. Wir hörten ihm überwältigt zu, meinten, die Bilder wie phosphoreszierende Vögel zu sehen, die ihm scharenweise entflogen und aufgestört durch das ganze Haus flatterten.

»Eines Nachts«, sagte er, »wenn bereits zwanzig Päpste gestorben sind, die ihn nicht empfangen haben, betritt Margarito, müde und alt, sein Haus, öffnet die Kiste, streichelt der kleinen Toten das Gesicht und sagt mit aller Zärtlichkeit der Welt zu ihr: ›Um der Liebe deines Vaters willen, Kindchen: Steh auf und wandle.‹«

Er schaute uns alle an und trumpfte mit einer Siegergeste auf: »Und das Mädchen steht auf!«

Etwas erwartete er von uns. Aber wir waren so verblüfft, daß uns nichts einfiel. Nur Lakis, der Grieche, hob den Finger wie in der Schule und bat ums Wort.

»Mein Problem ist, ich glaube es nicht«, sagte er und wandte sich zu unserer Überraschung direkt an Zavattini: »Entschuldigen Sie, Maestro, aber ich glaube es nicht.«

Daraufhin war nun Zavattini sprachlos.

»Und warum nicht?«

»Was weiß ich«, sagte Lakis verunsichert. »Es kann eben nicht sein.«

»*Ammazza!*« schrie der Maestro daraufhin, polterte, daß man es im ganzen Viertel hören mußte. »Das regt mich am meisten an den Stalinisten auf: daß sie nicht an die Wirklichkeit glauben.«

In den darauffolgenden fünfzehn Jahren nahm Margarito, wie er mir selbst erzählte, die Heilige immer mit nach Castelgandolfo, für den Fall, daß sich eine Gelegenheit ergeben sollte, sie zu zeigen. Bei einer Audienz mit etwa zweihundert Pilgern aus Lateinamerika gelang es ihm, zwischen Schubsern und Ellbogenstößen dem gutmütigen Johannes XXIII. seine Geschichte zu erzählen. Aber er konnte ihm das Mädchen nicht zeigen, weil er sie beim Eingang neben den Rucksäcken der anderen Pilger hatte lassen müssen, eine Vorsichtsmaßnahme gegen Attentate. Der Papst hörte ihm so aufmerksam zu, wie es in der Menge möglich war, und gab ihm einen ermunternden Klaps auf die Wange.

»*Bravo, figlio mio*«, sagte er zu ihm. »Gott wird dir deine Beständigkeit lohnen.«

An der Schwelle zur Realisierung seines Traumes fühlte sich Margarito jedoch während der flüchtigen Regentschaft des lächelnden Albino Luciani. Ein Verwandter von diesem, beeindruckt von der Geschichte, versprach zu vermitteln. Niemand hörte auf ihn. Aber zwei Tage später rief während des Mittagessens jemand mit einer eiligen und einfachen Botschaft für Margarito in der Pension an: Er solle sich nicht aus Rom wegbewegen, denn er werde noch vor Donnerstag zu einer Privataudienz in den Vatikan gerufen.

Man erfuhr nie, ob es ein Scherz war. Margarito glaubte es nicht und hielt sich bereit. Er ging nicht aus dem Haus. Wenn er zur Toilette mußte, kündigte er es laut an: »Ich gehe zur Toilette.« María Bella, immer noch voll Witz im ersten Morgengrauen ihres Alters, lachte das Lachen einer freien Frau.

»Wir wissen schon, Margarito«, schrie sie, »für den Fall, daß der Papst anruft.«
In der folgenden Woche, zwei Tage vor dem angekündigten Telefonanruf, brach Margarito vor der Schlagzeile der Zeitung zusammen, die man unter der Tür hindurchgeschoben hatte: *Morto il Papa*. Einen Augenblick lang hielt ihn noch die Illusion aufrecht, daß es sich um eine alte Zeitung handelte, die versehentlich gebracht worden war, denn es war kaum zu glauben, daß jeden Monat ein Papst starb. Doch so war es: Der lächelnde Albino Luciani, dreiunddreißig Tage zuvor gewählt, hatte morgens tot im Bett gelegen.
Zweiundzwanzig Jahre nachdem ich Margarito Duarte kennengelernt hatte, kam ich wieder nach Rom und hätte vielleicht nicht an ihn gedacht, wäre ich ihm nicht zufällig begegnet. Ich war zu sehr von den Verheerungen der Zeit bedrückt, um an irgend jemanden zu denken. Pausenlos fiel, wie laue Brühe, ein blöder Nieselregen, das Diamantlicht früherer Zeiten war trübe geworden, und die Plätze, die mein gewesen waren und meine Sehnsüchte nährten, waren anders und fremd. Das Haus, in dem sich die Pension befunden hatte, war dasselbe, aber niemand konnte über María Bella Auskunft geben. Niemand antwortete bei den sechs Telefonnummern, die mir der Tenor Ribero Silva im Laufe der Jahre geschickt hatte. Bei einem Mittagessen mit den neuen Filmleuten beschwor ich die Erinnerung an meinen Lehrer, und ein jähes Schweigen flatterte einen Augenblick über den Tisch, bis jemand sich zu sagen traute:
»*Zavattini? Mai sentito.*«
So war es: Keiner hatte je von ihm gehört. Die Bäume der Villa Borghese standen zerzaust unter dem Regen, das *galloppatoio* der traurigen Prinzessinnen war von blütenlosem Unkraut verschlungen worden, und die Schönen von einst waren von androgynen Athleten abgelöst worden, die sich als Spanierinnen verkleidet hatten. Der einzige Überlebende

einer ausgestorbenen Fauna war der alte Löwe, räudig und heiser, auf seiner Insel der welken Wasser. Niemand sang oder starb aus Liebe in den Plastiktrattorias der Piazza d'Espagna. Denn das Rom unserer Sehnsucht war schon ein anderes altes Rom inmitten des alten Roms der Cäsaren. Plötzlich, in einem Gäßchen von Trastevere, ließ mich eine Stimme anhalten, die aus dem Jenseits hätte kommen können:

»Hallo, Dichter.«

Er war es, alt und müde. Fünf Päpste waren gestorben, das ewige Rom zeigte erste Symptome von Hinfälligkeit, und er wartete noch immer. »Ich habe so lange gewartet, daß es nicht mehr lange dauern kann«, sagte er mir beim Abschied, nach fast vier Stunden nostalgischer Erinnerungen. »Es kann sich nur noch um Monate handeln.« Er entfernte sich schlurfend auf der Mitte der Straße, in seinen Soldatenstiefeln und mit der ausgeblichenen Mütze eines altgewordenen Römers, ohne auf die Regenpfützen zu achten, in denen das Licht zu faulen begann. Nun hatte ich keinen Zweifel mehr daran, wenn ich denn je einen gehabt hatte: Er war der Heilige. Ohne es zu merken, kämpfte er kraft des unverwesten Körpers seiner Tochter nun schon zweiundzwanzig Jahre für die gerechte Sache seiner eigenen Kanonisierung.

August 1981

Dornröschens Flugzeug

Sie war schön, geschmeidig, die Haut von der sanften Farbe des Brots, Augen wie grüne Mandeln, und sie hatte glattes und schwarzes und langes Haar bis auf den Rücken, und eine Aura von Jahrtausenden wie aus Indonesien oder auch den Anden umgab sie. Sie war mit ausgesuchtem Geschmack gekleidet: eine Luchsjacke, eine reinseidene Bluse, zart geblümt, eine Hose aus grobem Leinen und schmale Schuhe in der Farbe von Bougainvilleen. »Das ist die schönste Frau, die ich in meinem Leben gesehen habe«, dachte ich, als ich sie mit dem sachten Gang einer Löwin vorbeigehen sah. Ich stand in der Schlange am Charles-de-Gaulle-Flughafen in Paris, um das Flugzeug nach New York zu besteigen. Sie war eine übernatürliche Erscheinung, nur einen Augenblick lang, um dann in der Menschenmenge der Halle unterzutauchen.

Es war neun Uhr morgens. Es schneite seit der vergangenen Nacht, und der Verkehr in der Stadt war dichter als sonst und noch langsamer auf der Autobahn, Lastwagen standen aufgereiht am Straßenrand, und Autos dampften im Schnee. In der Flughafenhalle hingegen ging das Leben frühlingshaft weiter.

Ich stand in der Schlange für das Check-in hinter einer alten Holländerin, die fast eine Stunde lang um das Gewicht ihrer elf Koffer feilschte. Ich begann mich zu langweilen, als mir die plötzliche Erscheinung den Atem nahm, so daß ich nicht mitbekam, wie die Auseinandersetzung endete, bis mich die Angestellte mit einem Tadel wegen meiner Unaufmerksamkeit aus meinen wolkigen Höhen herunterholte. Als Entschuldigung fragte ich sie, ob sie an Liebe auf den ersten Blick glaube. »Aber gewiß«, sagte sie. »Unmöglich sind andere.« Ihr Blick blieb fest auf den Bildschirm des Computers

geheftet, und sie fragte mich, was für einen Sitzplatz ich wolle, Raucher oder Nichtraucher.
»Das ist mir gleich«, sagte ich mit aller Absicht, »solange es nicht neben den elf Koffern ist.«
Sie dankte es mir mit dem geschäftlichen Lächeln der ersten Klasse, jedoch ohne den Blick von dem flimmernden Bildschirm abzuwenden.
»Wählen Sie eine Nummer«, sagte sie, »drei, vier oder sieben.«
»Vier.«
Da bekam ihr Lächeln ein triumphales Glitzern.
»Ich bin jetzt fünfzehn Jahre hier«, sagte sie, »und Sie sind der erste, der nicht die sieben wählt.«
Sie markierte die Sitznummer auf der Bordkarte und überreichte sie mir mit dem Rest meiner Papiere, sah mich dabei zum ersten Mal mit traubenfarbenen Augen an, die mir Trost spendeten, bis ich die Schöne wiedersah. Dann erst wies sie mich darauf hin, daß man den Flughafen soeben geschlossen und alle Flüge verschoben habe.
»Wie lange?«
»Solange Gott will«, sagte sie mit ihrem Lächeln. »Der Rundfunk hat heute morgen die stärksten Schneefälle des Jahres angekündigt.«
Ein Irrtum: Es wurden die stärksten des Jahrhunderts. Aber im Wartesaal der ersten Klasse war der Frühling so echt, daß die Rosen in den Vasen aufblühten und sogar die Konservenmusik so sublim und beruhigend wirkte, wie ihre Schöpfer es vorgaben. Plötzlich kam ich darauf, daß dies ein passendes Refugium für die Schöne sein mußte, und ich suchte sie auch in den anderen Hallen, erregt vom eigenen Wagemut. Doch da waren meistens Männer aus dem wirklichen Leben, sie lasen englische Zeitungen, während ihre Frauen an andere dachten, den Blick durch die Panoramafenster auf die toten Flugzeuge im Schnee gerichtet, auf die vereisten

Fabriken, die weiten Baumschulen von Roissy, die von den Baulöwen zerstört waren. Nach zwölf war kein Plätzchen mehr frei, und die Hitze war so unerträglich geworden, daß ich, um wieder durchatmen zu können, flüchtete.

Draußen bot sich mir ein beklemmendes Schauspiel. Menschen aller Art quollen aus den Wartesälen und kampierten in den stickigen Gängen, sogar auf den Treppen, lagerten mit ihren Tieren und Kindern und dem Handgepäck auf dem Boden. Denn auch die Verbindung zur Stadt war unterbrochen, und der Palast aus durchsichtigem Kunststoff sah wie eine riesige Raumkapsel aus, die im Sturm gestrandet war. Ich konnte den Gedanken nicht loswerden, daß auch die Schöne irgendwo zwischen diesen zahmen Horden sein mußte, und diese Vorstellung gab mir neuen Mut zum Warten.

Zur Essenszeit hatte sich bei uns das Bewußtsein, Schiffbrüchige zu sein, durchgesetzt. Die Schlangen vor den sieben Restaurants, den Cafeterias, den gedrängt vollen Bars wuchsen ins Endlose, und nach kaum drei Stunden mußte geschlossen werden, weil es nichts mehr zu essen und zu trinken gab. Die Kinder, die auf einmal alle Kinder dieser Welt zu sein schienen, fingen gleichzeitig an zu weinen, und die Menschenmenge verströmte den Geruch einer Schafherde. Es war die Stunde der Instinkte. Das einzig Eßbare, was ich in all dem Getümmel ergatterte, waren die letzten zwei Becher Vanilleeis an einem Kinderstand. Ich aß sie bedächtig an der Theke, während die Kellner die Stühle, sobald diese frei wurden, auf die Tische stellten, und im Spiegel sah ich mich selbst mit dem letzten Pappbecher und dem letzten Papplöffel und dachte an die Schöne.

Der Flug nach New York, der für elf Uhr vormittags vorgesehen war, startete um acht Uhr abends. Als ich schließlich an Bord kam, saßen die Passagiere der ersten Klasse schon auf ihren Plätzen, und eine Stewardeß geleitete mich zu dem meinen. Mir blieb die Luft weg. Auf dem Nachbarsitz, neben dem Fenster, nahm die Schöne gerade mit der Gelassenheit der erfahrenen Reisenden ihren Raum in Besitz. »Sollte ich das einmal schreiben, glaubt es mir keiner«, dachte ich. Und ich wagte kaum, einen unentschlossenen Gruß zu murmeln, den sie gar nicht wahrnahm.

Sie ließ sich nieder, als wolle sie viele Jahre dort verbringen, gab jedem Ding seinen Platz und seine Ordnung, bis der Sitzplatz so gut eingerichtet war wie das ideale Haus, wo alles in Reichweite liegt. Während sie das tat, kam der Purser mit dem Begrüßungschampagner. Ich nahm ein Glas, um es ihr zu reichen, bereute es aber noch rechtzeitig. Denn sie wollte nur ein Glas Wasser und bat den Purser, erst in einem undurchdringlichen Französisch, dann in einem kaum verständlicheren Englisch, man möge sie auf keinen Fall während des Fluges wecken. Ihre tiefe und warme Stimme war schleppend von orientalischer Traurigkeit.

Als man ihr das Wasser brachte, öffnete sie auf ihren Knien ein Necessaire mit kupfernen Eckverstärkungen, wie ein Koffer aus Großmutters Zeiten, und nahm zwei goldene Tabletten aus einem Schächtelchen, in dem noch andere in verschiedenen Farben lagen. Sie machte das alles systematisch und feierlich, als gäbe es nichts, das für sie nicht schon von Geburt an vorherbestimmt sei. Zuletzt schob sie den Vorhang am Fenster herunter, kippte den Sitz so weit wie möglich zurück, deckte sich, ohne die Schuhe auszuziehen, bis zur Taille zu, setzte die Schlafmaske auf, legte sich seitlich in den Sessel, den Rücken mir zugewandt, und schlief ohne eine einzige Unterbrechung, ohne einen Seufzer, ohne ihre Lage auch nur im geringsten zu verändern, die ewigen acht Stunden und die zusätzlichen zwölf Minuten durch, die der Flug nach New York dauerte.

Es war eine intensive Reise. Ich bin schon immer der Überzeugung gewesen, daß es nichts Schöneres in der Natur gibt als eine schöne Frau, und so war es mir nicht möglich, mich auch nur einen Augenblick dem Zauber dieses an meiner Seite schlafenden Märchenwesens zu entziehen. Der Purser verschwand, sobald wir abgehoben hatten, statt seiner kam eine strenge Stewardeß und wollte die Schöne aufwecken, um ihr das Toilettentäschchen und die Kopfhörer für die Musik zu geben. Ich wiederholte die Anweisung, die sie dem Purser gegeben hatte, aber die Stewardeß blieb hartnäckig, wollte von ihr selbst hören, daß sie auch kein Abendessen wünschte. Der Purser mußte es bestätigen. Dennoch tadelte sie mich, weil die Schöne sich nicht das Pappschildchen mit der Aufforderung, sie nicht zu stören, um den Hals gehängt hatte.

Ich nahm ein einsames Abendessen ein und sagte mir stumm all das, was ich ihr gesagt hätte, wäre sie wach gewesen. Ihr Schlaf war so tief, daß mich einen Moment die Sorge beschlich, die Tabletten, die sie eingenommen hatte, dienten nicht zum Schlafen, sondern zum Sterben. Vor jedem Schluck hob ich das Glas und trank ihr zu:

»Auf dein Wohl, du Schöne.«

Nach dem Abendessen wurden die Lichter gelöscht, der Film für niemanden abgespult, und wir beide blieben allein im Dämmer der Welt. Das größte Unwetter des Jahrhunderts war vorbei, und die Atlantiknacht war unendlich und rein, und das Flugzeug schien unbeweglich zwischen den Sternen zu hängen. Dann habe ich sie Stück für Stück mehrere Stunden lang betrachtet, und die einzigen wahrnehmbaren Lebenszeichen waren die Schatten der Träume, die über ihre Stirn glitten wie Wolken im Wasser. Um den Hals trug sie eine Kette, so fein, daß sie auf ihrer goldenen Haut fast unsichtbar war, sie hatte vollkommene Ohren, ohne Löcher für Ohrringe, die rosigen Nägel guter Gesundheit und einen glatten Ring an der linken Hand. Da sie nicht älter als zwanzig war, tröstete ich mich mit dem Gedanken, es sei kein Ehering, sondern das Zeichen eines flüchtigen Verlöbnisses.

»Wissen, daß du schläfst, gewiß, sicher, getreue Quelle der Hingabe, reine Linie, so nah meinen gebundenen Armen«, dachte ich, auf der Schaumkrone des Champagners das meisterliche Sonett von Gerardo Diego memorierend. Dann lehnte ich meinen Sitz auf ihre Höhe zurück, und nun lagen wir näher zusammen als in einem Ehebett. Ihr Atem war so warm wie ihre Stimme, und von ihrer Haut stieg ein schwacher Hauch auf, der nur der natürliche Duft ihrer Schönheit sein konnte. Es schien mir unglaublich: Im vergangenen Frühjahr hatte ich einen wunderbaren Roman von Yasunari Kawabata über die greisen Bürger Kyotos gelesen, die Unsummen zahlten, um eine Nacht lang die schönsten Mädchen der Stadt zu betrachten, die nackt und betäubt dalagen, während die Männer sich im selben Bett vor Liebe verzehrten. Sie dürfen die Mädchen nicht wecken, nicht berühren und versuchen es auch nicht, denn das Wesen der Lust ist, sie schlafen zu sehen. In jener Nacht, während ich über dem Schlaf der Schönen wachte, habe ich diese senile Raffinesse nicht nur verstanden, sondern sie voll ausgelebt.
»Wer hätte das gedacht«, sagte ich mir, das Selbstgefühl vom Champagner gesteigert: »Ich, ein alter Japaner, in dieser Höhe.«
Ich glaube, ich habe mehrere Stunden geschlafen, besiegt vom Champagner und dem stummen Mündungsfeuer des Films, und bin mit zerfurchtem Schädel aufgewacht. Ich ging zum Bad. Zwei Reihen hinter mir lag die Alte mit den elf Koffern breitbeinig auf den Sessel gestreckt. Sie sah wie ein auf dem Schlachtfeld vergessener Toter aus. Auf dem Boden, mitten auf dem Gang, lag ihre Lesebrille mit einer Kette aus bunten Perlen, und ich genoß einen Augenblick lang das kleinliche Glück, sie nicht aufzuheben.
Nachdem ich meine Champagnerexzesse verdaut hatte, ertappte ich mich im Spiegel, unwürdig und häßlich, und staunte darüber, daß die Verheerungen der Liebe so fürch-

terlich sind. Plötzlich sank das Flugzeug steil ab, fand mühsam wieder die Balance und flog bockend weiter. Der Befehl, zum Sitzplatz zurückzukehren, leuchtete auf. Ich stürzte aus dem Bad, in der Hoffnung, daß allein die Turbulenzen des Herrn die Schöne wecken könnten und sie sich vor dem Entsetzen in meine Arme retten müßte. In der Eile hätte ich fast auf die Brille der Holländerin getreten, und es hätte mich gefreut. Aber ich ging einen Schritt zurück, hob sie auf und legte sie ihr auf den Schoß, plötzlich dankbar dafür, daß sie nicht vor mir den Platz Nummer vier gewählt hatte.

Der Schlaf der Schönen war unbesiegbar. Als das Flugzeug sich beruhigt hatte, mußte ich der Versuchung widerstehen, sie unter irgendeinem Vorwand zu schütteln, denn ich wünschte nichts mehr, als sie in dieser letzten Stunde des Fluges wach zu sehen, selbst in zornigem Zustand, damit ich meine Freiheit und vielleicht auch meine Jugend zurückgewänne. Aber ich brachte es nicht fertig. »Verdammt«, sagte ich voller Verachtung zu mir, »warum bin ich nicht als Stier geboren?« Sie wachte ohne Hilfe in dem Augenblick auf, als die Lichter für die Landung eingeschaltet wurden, und sie war so schön und glatt, als hätte sie neben einem Rosenstrauch geschlafen. Da erst fiel mir auf, daß sich Platznachbarn im Flugzeug, ebenso wie alte Ehepaare, nicht beim Aufwachen guten Morgen sagen. Auch sie nicht. Sie zog die Schlafmaske ab, öffnete die leuchtenden Augen, richtete die Rücklehne ihres Sitzes auf, warf die Decke beiseite, schüttelte ihre Mähne, die sich durch ihr Gewicht selbst richtig legte, nahm wieder den Toilettenkoffer auf die Knie und legte ein flüchtiges und überflüssiges Make-up auf, für das sie gerade so lange brauchte, daß sie mich bis zum Öffnen der Türen nicht ansehen mußte. Dann zog sie die Luchsjacke an, stieg mit einer konventionellen Entschuldigung in reinstem amerikanischem Spanisch über mich hinweg und ging, ohne sich auch nur zu verabschieden, ohne mir wenigstens all das zu danken, was ich für unsere glückliche Nacht getan hatte, und verschwand bis zum heutigen Sonnenaufgang im Urwald von New York.

Juni 1982

Ich vermiete mich zum Träumen

Um neun Uhr morgens, wir frühstückten gerade auf der Terrasse des Habana Riviera, hob bei strahlender Sonne eine ungeheure Sturzsee mehrere Autos, die auf der Uferstraße vorbeifuhren oder am Straßenrand parkten, in die Luft empor, und eines davon wurde in die Flanke des Hotels gerammt und blieb stecken. Es war wie eine Dynamitexplosion, die Panik in den zwanzig Stockwerken des Hotels säte und die Glasfront der Hotelhalle in Staub verwandelte. Die zahlreichen Touristen, die sich in der Lounge aufhielten, wurden mit den Möbeln in die Luft geschleudert und einige vom Glashagel verletzt. Es muß ein gewaltiger Meeresstoß gewesen sein, denn zwischen der Uferbefestigung und dem Hotel verläuft eine breite zweispurige Straße, die Welle war also darüber gesprungen und dann blieb ihr noch genügend Wucht, um die Glasfront zu zerbröseln.

Die munteren kubanischen Freiwilligen räumten gemeinsam mit der Feuerwehr die Schäden in knapp sechs Stunden weg, sperrten die Tür zum Meer, setzten eine andere instand, und es herrschte wieder Ordnung. Am Vormittag hatte sich niemand um das Auto, das sich in die Mauer gebohrt hatte, gekümmert, denn man war davon ausgegangen, daß es eins der am Straßenrand geparkten war. Als der Kran das Auto jedoch aus der Scharte hievte, wurde die Leiche einer Frau entdeckt, die mit dem Sicherheitsgurt an den Fahrersitz festgezurrt war. Der Stoß war so brutal gewesen, daß kein Knochen heil geblieben war. Ihr Gesicht war zerstört, sie hatte geplatzte Halbschuhe, zerfetzte Kleidung und einen goldenen Ring, in der Form einer Schlange mit Smaragdaugen. Die Polizei stellte fest, daß es sich um die Haushälterin des neuen Botschafters von Portugal handelte. Die Frau war in der Tat mit der Familie des Botschafters vor fünfzehn Tagen in Havanna eingetroffen und an jenem Morgen mit einem neuen Auto zum Markt gefahren. Ihr Name sagte mir nichts, als ich ihn in der Zeitung las, aber der Schlangenring mit den Smaragdaugen machte mich stutzig. Ich konnte jedoch nicht herausfinden, an welchem Finger sie ihn getragen hatte.

Das wäre für mich ein entscheidender Hinweis gewesen, denn ich fürchtete, daß es sich um eine unvergeßliche Frau handelte, deren wirklichen Namen ich nie erfahren hatte und die einen ebensolchen Ring am rechten Zeigefinger getragen hatte, was zu jener Zeit noch ungewöhnlicher gewesen war. Ich hatte sie vor vierunddreißig Jahren in Wien kennengelernt, als ich in einer Kneipe für lateinamerikanische Studenten Würstchen mit Salzkartoffeln aß und Faßbier trank. Ich war am Morgen aus Rom gekommen, und ich erinnere mich noch, daß diese Frau mich sofort mit ihrem prächtigen Brustfleisch einer Sopranistin, ihren schmachtenden Fuchsschwänzen am Mantelkragen und jenem ägyptischen Schlangenring beeindruckt hatte. An dem langen Holztisch schien sie mir die einzige Österreicherin zu sein, wegen des einfachen Spanischs, das sie ohne Atempause mit einem scheppernden Klang sprach. Aber nein, sie war in Kolumbien geboren und war zwischen den Kriegen, sehr jung noch, nach Österreich gegangen, um Musik und Gesang zu studieren. Zu jener Zeit hatte sie wohl die dreißig mehr schlecht als recht erreicht, denn sie war vermutlich nie schön gewesen und vorzeitig gealtert. Aber sie war dafür ein bezaubernder Mensch. Und man mußte sich vor ihr auch mehr als vor anderen fürchten.

Wien war noch die alte Kaiserstadt, und ihre geographische Lage zwischen zwei unversöhnbaren Welten, Hinterlassenschaft des Zweiten Weltkriegs, hatte sie gerade in ein Paradies des Schwarzmarkts und der weltweiten Spionage verwandelt. Ich hätte mir keinen passenderen Umkreis für diese flüchtige Landsmännin vorstellen können, die aus Treue zu ihrer Herkunft weiter in der Studentenkneipe an der Ecke aß, obwohl sie Geld genug hatte, dieses Lokal samt allen anwesenden Gästen zu kaufen. Sie nannte nie ihren wirklichen Namen, denn wir kannten sie unter dem germanischen Zungenbrecher, den sich die lateinamerikanischen Studenten in Wien für sie ausgedacht hatten: Frau Frida. Kaum war sie mir vorgestellt worden, hatte ich die glückliche Eingebung, sie dreist zu fragen, wie sie es geschafft habe, in dieser den windigen Klippen des Quindio so fernen und fremden Welt derart heimisch zu werden, und sie konterte mit einem Schlag:

»Ich vermiete mich zum Träumen.«

Eigentlich war das ihr einziger Beruf. Sie war das dritte von elf Kindern eines wohlhabenden Ladenbesitzers im alten Caldas und führte, kaum hatte sie sprechen gelernt, bei sich daheim die gute Sitte ein, noch nüchtern die Träume zu erzählen, dann also, wenn deren voraussagende Kräfte am reinsten erhalten sind. Als sie sieben war, träumte sie, daß einer ihrer Brüder von einem Wasserfall fortgerissen würde. Nur aus frommem Aberglauben verbot die Mutter dem Jungen, das zu tun, was er am liebsten tat: in der Schlucht zu baden. Aber Frau Frida hatte da schon ihr eigenes System der Vorausdeutungen.

»Der Traum«, sagte sie, »bedeutet nicht etwa, daß er ertrinken wird, sondern daß er keine Süßigkeiten essen darf.«

Die Deutung allein schien schon eine Gemeinheit für einen Jungen zu sein, der mit seinen fünf Jahren nicht ohne seine sonntäglichen Bonbons leben konnte. Die Mutter, die bereits von den weissagerischen Kräften ihrer Tochter überzeugt war, sorgte mit harter Hand für die Einhaltung der Warnung. Als sie das erste Mal unachtsam war, verschluckte sich der Junge jedoch an einer

Lutschstange, die er heimlich aß, und keine Rettung war möglich.
Frau Frida hatte nicht daran gedacht, daß diese Fähigkeit ein Beruf sein könnte, bis das Leben sie in den grausamen Wintern von Wien beutelte. Da klopfte sie bei dem ersten Haus an, in dem sie gern gewohnt hätte, und bat um eine Anstellung, und als man sie fragte, was sie denn könne, sagte sie nur die Wahrheit: »Ich träume.« Eine kurze Erklärung für die Hausherrin genügte, um angenommen zu werden, der Lohn reichte kaum für die kleinen Ausgaben, aber sie bekam ein gutes Zimmer und drei Mahlzeiten am Tag. Besonders wichtig war das Frühstück, die Zeit, in der die Familie sich hinsetzte, um das allen Mitgliedern unmittelbar bevorstehende Schicksal zu erfahren: der Vater, ein vornehmer Rentier; die Mutter, eine fröhliche Frau mit einer Leidenschaft für romantische Kammermusik, und zwei Kinder, elf und neun Jahre alt. Alle waren religiös und daher archaischem Aberglauben zugeneigt, und sie nahmen Frau Frida entzückt auf, die nur verpflichtet war, das tägliche Schicksal der Familie in ihren Träumen zu deuten.
Sie machte ihre Sache gut und eine lange Zeit hindurch, besonders in den Kriegsjahren, als die Wirklichkeit finsterer als die Alpträume war. Nur sie konnte zur Frühstückszeit entscheiden, was jeder einzelne an dem Tag tun und wie er es tun sollte, bis ihre Voraussagen schließlich als einzige Autorität im Haus galten. Ihre Herrschaft über die Familie war absolut: Selbst der kleinste Seufzer geschah auf ihren Befehl. In den Tagen, als ich in Wien war, war gerade der Hausherr gestorben und hatte die Feinfühligkeit besessen, ihr einen Teil seiner Rentenansprüche zu vermachen, mit der einzigen Bedingung, daß sie bis zum Ende ihrer Träume weiter für die Familie träumen sollte.
Ich blieb über einen Monat in Wien und darbte mit den Studenten, während ich auf einen Geldbetrag wartete, der nie

eintraf. Frau Fridas unvorhergesehene und großzügige Besuche in der Kneipe waren damals Feste in unserem Reich des Mangels. An einem jener bierberauschten Abende flüsterte sie mir mit einer Dringlichkeit, die keinerlei Zeitaufschub duldete, ins Ohr:

»Ich bin nur gekommen, um dir zu sagen, daß ich gestern Nacht von dir geträumt habe«, sagte sie zu mir. »Du mußt sofort aufbrechen und in den nächsten fünf Jahren nicht mehr nach Wien kommen.«

Ihre Gewißheit war so überzeugend, daß ich noch in derselben Nacht den letzten Zug nach Rom bestieg. Mich hat das dermaßen beeindruckt, daß ich mich seitdem als Überlebenden einer Katastrophe betrachte, die ich nie kennengelernt habe. Ich bin noch nicht nach Wien zurückgekehrt.

Vor der Katastrophe von Havanna hatte ich Frau Frida in Barcelona wiedergesehen, auf eine unerwartete und zufällige Weise, die mir mysteriös vorkam. Es war an dem Tag, als Pablo Neruda zum ersten Mal seit dem Bürgerkrieg wieder spanischen Boden betrat, eine Station auf seiner gemächlichen Schiffsreise nach Valparaiso. Er verbrachte mit uns einen Vormittag auf der Pirsch in den Buchantiquariaten und kaufte bei *Porter* ein altes Buch, das welk aussah und fast auseinanderfiel, und zahlte dafür so viel, wie er einst am Konsulat in Rangoon in zwei Monaten verdient hatte. Er bewegte sich durch die Menschen wie ein kranker Elefant, mit einem kindlichen Interesse für den inneren Mechanismus von jedem Ding, denn die Welt erschien ihm wie ein riesiges Aufziehspielzeug, mit dem man das Leben erfand.

Ich habe nie jemanden kennengelernt, der so sehr dem Bild entsprach, das man von einem Renaissancepapst hat: genußsüchtig und hochkultiviert. Selbst gegen seinen Willen präsidierte er an jedem Tisch. Seine Frau Matilde legte ihm ein Lätzchen um, das mehr einem Frisiersalon als einem Eßlokal entsprach, aber nur so konnte verhindert werden, daß er in

Saucen badete. Jener Tag im *Carvalleiras* war beispielhaft. Er aß drei ganze Langusten, zerlegte sie mit der Meisterschaft eines Chirurgen und verschlang gleichzeitig die Gerichte aller anderen mit den Augen, pickte bei jedem ein wenig, und zwar so genußvoll, daß seine Eßlust ansteckte: auf die Venusmuscheln aus Galizien, die Krustentiere aus dem Kantabrischen Meer, die Krebse aus Alicante, die *espardenyas* von der Costa Brava. Währenddessen sprach er wie die Franzosen nur von anderen Köstlichkeiten der Küche, insbesondere von den urweltlichen Seemuscheln aus Chile, die er im Herzen trug. Plötzlich hörte er auf zu essen, spitzte seine Hummerfühler und sagte ganz leise zu mir:

»Da ist jemand hinter mir, der mich ununterbrochen ansieht.«

Ich schaute über seine Schulter, und so war es. Hinter seinem Rücken, drei Tische weiter, saß eine unerschrockene Frau mit einem altmodischen Filzhut und einem brombeerfarbenen Schal, sie kaute bedächtig und hatte die Augen unverwandt auf ihn gerichtet. Ich erkannte sie sofort. Sie war gealtert und dick, aber sie war es, mit dem Schlangenring am Zeigefinger.

Sie reiste seit Neapel auf demselben Schiff wie die Nerudas, aber sie hatten sich nicht an Bord gesehen. Wir luden sie zum Kaffee an unseren Tisch ein, und ich brachte sie dazu, von ihren Träumen zu sprechen, um den Dichter in Staunen zu versetzen. Er ging nicht darauf ein, stellte auch gleich zu Anfang klar, daß er nicht an Traumdeutungen glaube.

»Nur die Poesie ist hellseherisch«, sagte er.

Nach dem Mittagessen, beim obligaten Spaziergang an den Ramblas, blieb ich absichtlich zurück, um fern von fremden Ohren mit Frau Frida Erinnerungen aufzufrischen. Sie erzählte mir, sie habe ihren Besitz in Österreich verkauft und lebe zurückgezogen in Porto, Portugal, in einem Haus, das sie als ein unechtes Schloß auf einem Hügel beschrieb, von dem man über den ganzen Ozean bis nach Amerika sehen könne. Auch ohne daß sie es sagte, ging aus dem Gespräch hervor, daß sie sich Traum für Traum schließlich das ganze Vermögen ihrer unbeschreiblichen Wiener Herrschaft angeeignet hatte. Das erstaunte mich jedoch nicht, denn ich hatte schon immer gemeint, daß ihre Träume nichts anderes als ein Trick waren, um leben zu können. Und ich sagte es ihr.

Sie brach in ein unwiderstehliches Gelächter aus. »Du bist immer noch genauso frech«, sagte sie. Und sagte nichts mehr, weil der Rest der Gruppe stehengeblieben war, um darauf zu warten, daß Neruda aufhörte, chilenisches Kauderwelsch mit den Papageien auf der Rambla de los Pájaros zu reden. Als wir unsere Plauderei wieder aufnahmen, wechselte Frau Frida das Thema.

»Apropos, du kannst wieder nach Wien«, sagte sie.

Da erst merkte ich, daß dreizehn Jahre vergangen waren, seitdem wir uns kennengelernt hatten.

»Selbst wenn deine Träume falsch sind, ich gehe nie wieder hin«, sagte ich zu ihr. »Vorsichtshalber.«

Um drei trennten wir uns von ihr, um Neruda zu seiner heiligen Siesta zu geleiten. Er hielt sie bei uns zu Hause, nach feierlichen Vorbereitungen, die irgendwie an die Teezeremonie in Japan erinnerten. Man mußte das eine Fenster öffnen, andere schließen, um die genau richtige Temperatur zu erreichen, eine ganz bestimmte Art von Licht aus einer bestimmten Richtung und absolute Stille. Neruda schlief sofort ein und wachte zehn Minuten später auf, wie die Kinder, wenn man es am wenigsten erwartet. Er erschien erholt im Wohnzimmer, die Wange mit dem Monogramm des Kopfkissens geprägt.

»Ich habe von dieser Frau, die träumt, geträumt«, sagte er.

Matilde wollte, daß er den Traum erzählte.

»Ich habe geträumt, daß sie von mir träumt«, sagte er.

»Das ist von Borges«, sagte ich.

Er sah mich enttäuscht an.
»Ist das schon geschrieben?«
»Wenn er es noch nicht geschrieben hat, wird er es irgendwann schreiben«, sagte ich. »Das wird eins seiner Labyrinthe.«
Kaum war Neruda um sechs Uhr abends an Bord gegangen, verabschiedete er sich von uns, setzte sich an einen abseits stehenden Tisch und begann flüssige Verse zu schreiben mit Feder und grüner Tinte, so wie er die Blumen, Fische und Vögel für die Widmungen seiner Bücher zeichnete. Nach dem ersten Schiffssignal suchten wir Frau Frida und fanden sie schließlich auf dem Touristendeck, als wir schon ohne Abschied gehen wollten. Auch sie war gerade von der Siesta aufgewacht.
»Ich habe von dem Dichter geträumt«, sagte sie uns.
Erstaunt bat ich sie, mir den Traum zu erzählen.
»Ich habe geträumt, er träumt von mir«, sagte sie, und mein staunendes Gesicht verwirrte sie: »Was willst du? Bei so vielen Träumen schleicht sich manchmal einer ein, der nichts mit dem wirklichen Leben zu tun hat.«
Ich habe sie nicht wiedergesehen und mir auch keine Gedanken über sie gemacht, bis ich von dem schlangenförmigen Ring der Frau erfuhr, die bei dem Unglück am Hotel Riviera gestorben war. So konnte ich nicht der Versuchung widerstehen, dem portugiesischen Botschafter, als wir Monate später bei einem diplomatischen Empfang zusammentrafen, Fragen zu stellen. Der Botschafter sprach mit großer Begeisterung und einer enormen Bewunderung von ihr. »Sie können sich nicht vorstellen, was für ein außerordentlicher Mensch sie war«, sagte er zu mir. »Sie hätten nicht der Versuchung widerstehen können, eine Geschichte über sie zu schreiben.« Und fuhr in der gleichen Tonlage mit erstaunlichen Einzelheiten fort, gab mir aber keinen Hinweis, der mir eine Schlußfolgerung erlaubt hätte.

»Ganz konkret«, brachte ich es schließlich auf den Punkt, »was machte sie?«
»Nichts«, sagte er mit einem Anflug von Ernüchterung. »Sie träumte.«

März 1980

»Ich bin nur zum Telefonieren gekommen«

An einem Nachmittag mit Frühjahrsgewittern hatte María de la Luz Cervantes, die in einem Mietwagen allein nach Barcelona fuhr, eine Panne in der Monegroswüste. Sie war Mexikanerin, siebenundzwanzig Jahre alt, hübsch und ernsthaft, und hatte Jahre zuvor einen gewissen Ruf als Varietékünstlerin gehabt. Sie war mit einem Salonmagier verheiratet, zu dem sie noch an jenem Tag nach einem Verwandtenbesuch in Zaragoza zurückfahren wollte. Nachdem sie eine Stunde lang verzweifelt den Autos und Lastwagen, die im Unwetter vorbeipreschten, Zeichen gegeben hatte, erbarmte sich der Fahrer eines schepprigen Busses ihrer. Er wies sie allerdings darauf hin, daß er nicht sehr weit führe.

»Macht nichts«, sagte María. »Ich brauche nur ein Telefon.«

Das stimmte, und sie brauchte es nur, um ihrem Mann Bescheid zu geben, daß sie nicht vor sieben Uhr abends käme. Sie sah wie ein durchnäßtes Vögelchen aus, mit einem Studentenmantel und Strandschuhen im April, und sie war so verstört von ihrem Mißgeschick, daß sie vergaß, die Autoschlüssel mitzunehmen. Eine Frau von militärischem Aussehen, aber von sanftem Wesen, die vorne beim Fahrer saß, gab ihr ein Handtuch und eine Decke und machte ihr neben sich Platz. Nachdem sie sich halbwegs abgetrocknet hatte, setzte sich María, hüllte sich in die Decke und versuchte, eine Zigarette anzuzünden, aber die Streichhölzer waren naß. Ihre Platznachbarin gab ihr Feuer und bat um eine der wenigen Zigaretten, die trocken geblieben waren. Während sie rauchten, gab María dem Wunsch nach, ihrem Kummer Luft zu machen, und ihre Stimme übertönte den Regen und das Brummen des Busses. Die Frau unterbrach sie, den Zeigefinger auf die Lippen gelegt.

»Sie schlafen«, flüsterte sie.

María schaute über die Schulter und sah, daß der Bus mit Frauen ungewissen Alters und unterschiedlicher Herkunft besetzt war, die in Decken wie die ihre gehüllt waren. Angesteckt von dieser Gemütlichkeit, rollte sich María auf ihrem Sitz zusammen und gab sich dem Rauschen des Regens hin. Als sie aufwachte, war es Nacht, und der Regenschauer hatte sich in einem eisig klaren Himmel aufgelöst. Sie hatte keine Ahnung, wie lange sie geschlafen hatte, noch in welchem Teil der Welt sie sich befanden. Ihre Nachbarin hatte eine wachsame Haltung angenommen.

»Wo sind wir?« fragte María sie.

»Wir sind angekommen«, antwortete die Frau.

Der Bus fuhr in den gepflasterten Hof eines riesigen und düsteren Gebäudes ein, das wie ein altes Kloster in einem Wald riesiger Bäume wirkte. Die Fahrgäste, kaum beleuchtet von einer Laterne im Hof, blieben reglos sitzen, bis die Frau mit dem militärischen Aussehen sie mit einer Abfolge einfacher Befehle aussteigen ließ, wie in einem Kindergarten. Alle waren sie älter und bewegten sich mit einer solchen Gemessenheit im Dämmerlicht des Hofs, daß sie wie Bilder aus einem Traum wirkten. María, die als letzte ausstieg, meinte, es seien Nonnen. Das meinte sie schon weniger, als sie mehrere uniformierte Frauen sah, die sie an der Tür des Busses empfingen, ihnen Decken über die Köpfe legten, damit sie nicht naß würden, und sie, ohne ihnen etwas zu sagen, mit rhythmischen und nachdrücklichen Klapsen sich zu einer Reihe aufstellen ließen.

María wollte die Decke zurückgeben, als sie sich von ihrer Platznachbarin verabschiedete, aber die sagte ihr, sie solle sie über den Kopf legen, um über den Hof zu gehen, und sie bei der Pförtnerei abgeben.

»Ob es da ein Telefon gibt?« fragte María.

»Natürlich«, sagte die Frau. »Dort wird man es Ihnen zeigen.«

Sie bat María um eine weitere Zigarette, und die gab ihr den Rest der nassen Schachtel. »Auf dem Weg trocknen sie«, sagte sie zu ihr. Die Frau winkte ihr vom Trittbrett aus zu und schrie fast: »Viel Glück.« Der Bus fuhr an, ohne ihr für mehr Zeit zu lassen.

María wollte zum Eingang des Gebäudes rennen. Eine Wärterin versuchte sie mit einem energischen Klaps aufzuhalten, stieß dann einen herrischen Schrei aus: »Halt, habe ich gesagt!« María schaute unter der Decke hervor und sah eisige Augen und einen unanfechtbaren Zeigefinger, der sie in die Schlange verwies. Sie gehorchte. Schon im Gang des Gebäudes trennte sie sich von der Gruppe und fragte den Portier, wo es ein Telefon gäbe. Eine der Wärterinnen holte sie mit kleinen Schlägen auf die Schulter zurück in die Reihe, während sie sanft zu ihr sagte:

»Hier entlang, meine Hübsche, hier gibt es ein Telefon.«

María ging mit den anderen Frauen durch einen finsteren Korridor und kam schließlich in einen Schlafsaal, wo die Wärterinnen die Decken einsammelten und begannen, die Betten zu verteilen. Eine andere Frau, die María menschlicher erschien und von höherem Rang, ging die Reihe entlang und verglich eine Namensliste mit den Namen, die die Neuangekommenen auf einem an die Brust gehefteten Pappschild trugen. Als sie zu María kam, war sie darüber erstaunt, daß diese nicht ihr Identifikationsschild trug.

»Ich bin ja nur zum Telefonieren gekommen«, sagte ihr María.

Sie erklärte ihr in aller Eile, daß ihr Auto auf der Landstraße kaputtgegangen sei. Ihr Mann, der als Zauberer auf Festen auftrete, warte auf sie in Barcelona, um bis Mitternacht drei Engagements nachkommen zu können, sie wolle ihm Bescheid sagen, daß sie nicht rechtzeitig dasein werde, um ihn zu begleiten. Es sei gleich sieben. Er müsse in zehn Minuten das Haus verlassen, und sie befürchte, daß er wegen ihrer

Verspätung alles absagen würde. Die Wärterin schien ihr aufmerksam zuzuhören.

»Wie heißt du?« fragte sie.

María sagte ihr mit einem Seufzer der Erleichterung ihren Namen, aber die Frau fand ihn nicht, auch nachdem sie die Liste mehrmals durchgegangen war. Sie fragte alarmiert bei einer Wärterin nach, und diese zuckte, ohne etwas zu sagen, mit den Schultern.

»Ich bin ja nur zum Telefonieren gekommen«, sagte María.

»Einverstanden, mein Mädchen«, sagte die Oberin und führte sie mit einer Sanftheit zu ihrem Bett, die zu auffällig war, um echt zu sein, »wenn du brav bist, darfst du telefonieren, mit wem du willst. Aber nicht jetzt, morgen.«

Da vollzog sich etwas in Marías Kopf, das sie begreifen ließ, warum sich die Frauen aus dem Bus wie am Grunde eines Aquariums bewegten. In Wirklichkeit waren sie mit Betäubungsmitteln ruhiggestellt, und jener Schattenpalast mit den dicken gemauerten Wänden und den eisigen Treppen war in Wirklichkeit ein Hospital für Geisteskranke. Erschrocken flüchtete sie, rannte aus dem Schlafsaal, doch noch bevor sie am Portal angelangt war, erwischte eine riesenhafte Wärterin in einer Mechanikerlatzhose sie mit einem Prankenschlag und drückte sie mit einem geübten Griff zu Boden. María sah sie schräg von unten an, vom Entsetzen gelähmt.

»Um der Liebe Gottes willen«, sagte sie. »Ich schwöre Ihnen bei meiner toten Mutter, daß ich nur zum Telefonieren gekommen bin.«

Man mußte nur das Gesicht sehen, um zu wissen, daß kein Flehen jenes Kraftweib in der Latzhose erreichte, das wegen seiner außergewöhnlichen Kraft Herculina genannt wurde. Sie war für die schwierigen Fälle zuständig, und zwei Patientinnen hatten, stranguliert von ihrem Arm eines versehentlich in der Kunst des Tötens abgerichteten Eisbären, den Tod gefunden. Der erste Fall erwies sich als ein Unfall. Der zweite war weniger klar, und Herculina wurde getadelt und verwarnt, ein weiterer Fall werde gründlich untersucht. Es kursierte das Gerücht, jenes schwarze Schaf aus einer Familie großer Namen habe eine trübe Karriere zweifelhafter Unfälle in mehreren Irrenhäusern Spaniens hinter sich.

Damit María in der ersten Nacht schlief, mußte ihr ein Schlafmittel gespritzt werden. Als sie vor Tagesanbruch vom Bedürfnis zu rauchen wach wurde, war sie an Handgelenken und Knöcheln an die Gitterstäbe des Bettes gefesselt. Niemand kam, als sie schrie. Am Morgen, während ihr Mann in Barcelona vergeblich irgendeinen Hinweis auf ihren Verbleib suchte, mußte sie in die Krankenstation gebracht werden, weil man sie ohnmächtig im Sumpf ihrer eigenen Notdurft gefunden hatte.

Sie wußte nicht, wieviel Zeit vergangen war, als sie wieder zu sich kam. Aber da war die Welt schon ein stilles Wasser der Liebe, und vor ihrem Bett stand ein monumentaler Greis mit dem Schritt eines Sohlengängers und einem beruhigenden Lächeln, der ihr mit zwei meisterhaften Schachzügen die Lust zu leben zurückgab. Es war der Leiter des Sanatoriums.

Bevor sie irgend etwas zu ihm sagte, ohne ihn auch nur zu begrüßen, bat María ihn um eine Zigarette. Er gab sie ihr schon angezündet und schenkte ihr das fast volle Päckchen. María konnte die Tränen nicht unterdrücken.

»Nütz es aus und weine jetzt, so viel du willst«, sagte der Arzt mit einschläfernder Stimme zu ihr. »Es gibt kein besseres Heilmittel als die Tränen.«

María weinte sich ohne Scham aus, wie sie es nie bei ihren Zufallsliebhabern im Unbehagen nach der Liebe gekonnt hatte. Der Arzt kämmte ihr, während er zuhörte, mit den Fingern das Haar, richtete ihr das Kopfkissen, damit sie besser atmen könne, und führte sie durch das Labyrinth ihrer Unsicherheiten mit einer Weisheit und Sanftheit, die sie sich nie erträumt hätte. Es war das Wunder, zum erstenmal in ihrem Leben von einem Mann verstanden zu werden, der ihr mit ganzer Seele zuhörte, ohne als Gegengabe zu erwarten, daß sie mit ihm schlief. Am Ende einer langen Stunde, nachdem sie sich gründlich ausgeweint hatte, bat sie ihn um Erlaubnis, mit ihrem Mann zu telefonieren.

Der Arzt richtete sich mit der ganzen Majestät seines Ranges auf. »Noch nicht, Königin«, sagte er und gab ihr den zartesten Klaps auf die Wange, den sie je gespürt hatte. »Alles kommt zu seiner Zeit.« Von der Tür aus gab er ihr einen bischöflichen Segen und verschwand für immer.

»Vertrau mir«, sagte er zu ihr.

Am selben Nachmittag noch wurde María mit einer laufenden Nummer und einem oberflächlichen Hinweis auf das Rätsel ihrer Herkunft und die Zweifel über ihre Identität als Heiminsassin eingeschrieben. Als Randbemerkung gab es eine vom Leiter eigenhändig geschriebene Beurteilung: *erregt*.

So wie es María vorausgesehen hatte, verließ ihr Mann mit einer halben Stunde Verspätung die bescheidene Wohnung im Viertel Horta, um seinen drei Engagements nachzukommen. Es war das erste Mal, daß sie in den fast zwei Jahren einer freien und gut geregelten Verbindung nicht pünktlich erschien, und er hielt die Verspätung für eine Folge der heftigen Regenfälle, die an jenem Wochenende die Provinz heimsuchten. Bevor er ging, pinnte er eine Botschaft mit der Route des Abends an die Tür.

Auf dem ersten Fest, wo alle Kinder als Känguruh verkleidet waren, verzichtete er auf den Meistertrick mit den durchsichtigen Fischen, weil er ihn nicht ohne ihre Hilfe ausführen konnte. Das zweite Engagement war bei einer dreiundneunzig Jahre alten Frau im Rollstuhl, die sich brüstete, jeden ihrer vergangenen dreißig Geburtstage mit einem anderen Zauberer gefeiert zu haben. Er war so verärgert über Marías Verspätung, daß er sich nicht einmal auf die einfachsten Abläufe konzentrieren konnte. Die dritte Verpflichtung war die allabendliche in einem Konzertcafé an den Ramblas, wo er ohne Inspiration vor einer Gruppe französischer Touristen auftrat, die das, was sie sahen, nicht glauben konnten, weil sie sich weigerten, an Magie zu glauben. Nach jeder Vorstellung rief er daheim an und wartete ohne Hoffnung darauf, daß María abnahm. Beim letzten Mal wurde er schon nicht mehr der Sorge Herr, daß etwas Schlimmes geschehen war.

Auf der Heimfahrt in dem für Freiluftvorstellungen umgebauten Kleinlaster sah er den Glanz des Frühlings auf den Palmen des Paseo de Gràcia, und ihn durchschauerte der bittere Gedanke, wie die Stadt ohne María sein könnte. Die letzte Hoffnung verflüchtigte sich, als er seine Botschaft noch an der Tür heften sah. Er war so mißgestimmt, daß er vergaß, die Katze zu füttern.

Erst jetzt, da ich es aufschreibe, merke ich, daß ich nie gewußt habe, wie er wirklich hieß, weil wir ihn in Barcelona nur unter seinem Künstlernamen kannten: Saturno der Zauberer. Er war ein Mann mit einem seltsamen Charakter und unheilbar linkisch in Gesellschaft, aber der Takt und die Anmut, die ihm fehlten, hatte María im Überfluß. Sie war es, die ihn an der Hand nahm in dieser Gemeinde der großen Heimlichkeiten, wo niemand niemanden nach Mitternacht angerufen hätte, um nach der eigenen Frau zu fragen. Saturno hatte das einmal als Neuankömmling getan und wollte sich nicht daran erinnern. So begnügte er sich in dieser Nacht damit, in Zaragoza anzurufen, wo eine Großmutter ihm halb im Schlaf unbesorgt antwortete, María sei nach dem Mittagessen aufgebrochen. Er schlief nur eine Stunde bei Tagesanbruch. Er hatte einen sumpfigen Traum, in dem er María mit einem zerfetzten und blutbespritzten Brautkleid sah, und wachte mit der furchterregenden Gewißheit auf, daß sie ihn wieder allein gelassen hatte, und jetzt auf ewig, in der weiten Welt ohne sie.

Sie hatte das in den vergangenen fünf Jahren dreimal mit drei verschiedenen Männern, ihn eingeschlossen, getan. Sie hatte ihn in Mexiko City, sechs Monate nachdem sie sich kennengelernt hatten, verlassen, als sie an der Glückseligkeit einer wahnsinnigen Liebe in einem Dienstbotenzimmer der Colonia Anzures schier vergingen. Eines Morgens, nach einer Nacht nicht beichtbarer Exzesse, war María nicht mehr im Haus. Sie ließ alles zurück, was ihr gehörte, sogar den Ring aus ihrer vorherigen Ehe, und einen Brief, in dem sie schrieb, daß sie nicht fähig sei, die Martern dieser irrsinnigen Liebe zu überleben. Saturno dachte, sie sei zu ihrem ersten Mann zurückgekehrt, einem Mitschüler aus der Oberschule, den sie als Minderjährige heimlich geheiratet hatte und den sie nach zwei Jahren ohne Liebe für einen anderen verlassen hatte. Aber nein: Sie war in das Haus ihrer Eltern zurückgekehrt, und von dort versuchte Saturno sie um jeden Preis zurückzuholen. Er flehte sie bedingungslos an, versprach ihr sehr viel mehr, als er zu halten bereit war, aber er stieß auf eine unbeugsame Entschlossenheit. »Es gibt kurze Lieben und lange Lieben«, sagte sie. Und schloß mitleidlos: »Diese war kurz.« Er beugte sich ihrer Strenge. Eines frühen Morgens jedoch, am Allerheiligentag, als er nach fast einem Jahr des Vergessens in sein verwaistes Zimmer zurückkam, fand er sie auf dem Sofa schlafend vor, mit dem Orangenblütenkranz und der langen duftigen Schleppe einer jungfräulichen Braut.

María erzählte ihm die Wahrheit. Der neue Bräutigam, ein kinderloser Witwer mit einem geordneten Leben und der Bereitschaft, sie für immer mit dem Segen der katholischen Kirche zu heiraten, hatte sie angekleidet und vor dem Altar wartend stehen gelassen. Ihre Eltern beschlossen, das Fest dennoch zu feiern. Sie machte das Spiel mit. Sie tanzte, sang mit den Musikern, trank zuviel und machte sich um Mitternacht in einem schrecklichen Zustand verspäteter Gewissensbisse auf die Suche nach Saturno.

Er war nicht zu Hause, sie fand aber die Schlüssel in dem Blumentopf auf dem Korridor, wo sie sie immer versteckt hatten. Diesmal war sie es, die sich ihm bedingungslos auslieferte. »Und für wie lange jetzt?« fragte er sie. Sie antwortete ihm mit einem Vers von Vinicius de Moraes: »Die Liebe ist ewig, solange sie dauert.« Zwei Jahre danach war sie immer noch ewig.

María schien reifer zu werden. Sie gab ihre Theaterträume auf und weihte sich, im Beruf wie im Bett, ganz ihm. Ende des vergangenen Jahres hatten sie an einem Magierkongreß in Perpignan teilgenommen und auf dem Rückweg Barcelona kennengelernt. Es gefiel ihnen so sehr, daß sie nun schon acht Monate dort waren, und es ging ihnen so gut, daß sie sich in dem sehr katalanischen Viertel Horta eine Wohnung gekauft hatten, laut und ohne Portier, aber dafür groß genug für fünf Kinder. Es war das mögliche Glück gewesen, bis zum Wochenende, als sie einen Wagen gemietet hatte und mit dem Versprechen, am Montag abend um sieben Uhr zurückzusein, zu einem Besuch ihrer Verwandten in Zaragoza aufgebrochen war. Donnerstag früh hatte sie noch kein Lebenszeichen von sich gegeben.

Am Montag der folgenden Woche rief die Versicherung des Mietwagens an und fragte nach María. »Ich weiß nichts«, sagte Saturno. »Suchen Sie in Zaragoza nach ihr.« Er legte auf. Eine Woche später kam ein Polizist in Zivil mit der Nachricht ins Haus, der Wagen sei ausgeweidet an einer Seitenstraße in der Nähe von Cádiz gefunden worden, neunhundert Kilometer von der Stelle entfernt, wo María ihn verlassen hatte. Der Beamte wollte wissen, ob María mehr Details über den Diebstahl wußte. Saturno gab gerade der Katze zu fressen und sah den Mann kaum an, als er ohne

Umschweife sagte, man solle keine Zeit verschwenden, denn seine Frau sei von zu Hause abgehauen, und er wisse nicht mit wem noch wohin. Er sagte es so überzeugt, daß es dem Beamten peinlich war und er sich für seine Fragen entschuldigte. Der Fall wurde für abgeschlossen erklärt.

Die Befürchtung, daß María wieder weggehen könnte, hatte Saturno plötzlich zu Ostern in Cadaqués überkommen, wohin Rosa Regàs sie zum Segeln eingeladen hatte. Wir saßen im *Marítim*, der überfüllten und dreckigen Bar der *gauche divine* in der Abenddämmerung des Franquismus, um einen dieser Eisentische mit Eisenstühlen, an dem knapp sechs Platz hatten und wir uns zu zwanzigst hinsetzten. Als sie schon die zweite Schachtel Zigaretten des Tages geleert hatte, gingen María die Zündhölzer aus. Ein magerer, männlich behaarter Arm mit einem Armreif aus römischer Bronze bahnte sich durch das Getümmel am Tisch einen Weg und gab ihr Feuer. Sie dankte, ohne zu schauen, wem, aber Saturno der Magier sah ihn. Es war ein knochiger und bartloser Jüngling, bleich wie ein Toter und mit einem tiefschwarzen Pferdeschwanz, der ihm bis zur Taille reichte. Obwohl die Fensterscheiben der Bar kaum der Wut des Frühlingstramontanas standhielten, trug er eine Art Straßenpyjama aus grober Baumwolle und die Riemenschuhe eines Bauern.

Sie sahen ihn erst Ende des Herbstes in einem Fischrestaurant in La Barceloneta wieder, er trug dasselbe Ensemble aus einfachem Kattun und einen langen Zopf statt des Pferdeschwanzes. Er begrüßte beide wie alte Freunde, und durch die Art, wie er María küßte und sie ihm entgegenkam, schöpfte Saturno blitzartig den Verdacht, daß sie sich heimlich getroffen hatten. Tage später fand er zufällig einen neuen Namen und eine neue Telefonnummer in Marías Handschrift im Adreßbuch, und die unbarmherzige Hellsicht der Eifersucht enthüllte ihm, zu wem sie gehörten. Der gesellschaftliche Steckbrief des Eindringlings gab ihm den

Rest: zweiundzwanzig Jahre, einziger Sohn reicher Leute, Schaufensterdekorateur für Modeboutiquen, eine gewisse Fama als Bisexueller und ein wohlerworbener Ruf als mietbarer Tröster für verheiratete Frauen. Aber bis zu dem Abend, als María nicht nach Hause kam, hatte Saturno sich darüber hinwegsetzen können. Dann begann er ihn täglich anzurufen, erst alle zwei bis drei Stunden, von sechs Uhr früh bis zum Morgengrauen des nächsten Tages, und später jedesmal, wenn ein Telefon in Reichweite war. Daß niemand antwortete, erhöhte seine Pein.

Am vierten Tag antwortete ihm eine Andalusierin, die dort nur saubermachte. »Der junge Herr ist fortgegangen«, sagte sie ihm, vage genug, um ihn verrückt zu machen. Saturno erlag der Versuchung und fragte sie, ob nicht zufällig das Fräulein María da sei.

»Hier wohnt keine María«, sagte die Frau. »Der junge Herr ist ledig.«

»Das weiß ich«, sagte er. »Sie wohnt nicht dort, kommt aber manchmal, nicht wahr?«

Die Frau wurde fuchtig.

»Wer zum Teufel spricht da?«

Saturno hängte auf. Die negative Auskunft der Frau schien ihm eine Bestätigung mehr für das, was für ihn schon nicht mehr ein Verdacht, sondern eine brennende Gewißheit war. Er verlor die Beherrschung. An den folgenden Tagen rief er in alphabetischer Reihenfolge alle Bekannten in Barcelona an. Niemand gab ihm recht, aber jeder Anruf verschlimmerte sein Unglück, denn seine Eifersuchtsdelirien waren schon berühmt bei den reuelosen Nachtschwärmern der *gauche divine*, und sie antworteten ihm mit irgendeinem Scherz, der sein Leiden anfachte. Erst da begriff er, wie allein er in jener schönen, launischen und undurchdringlichen Stadt war, in der er nie glücklich sein würde. Bei Tagesanbruch, nachdem er der Katze zu fressen geben hatte, preßte er sich die Hand aufs Herz, um nicht zu sterben, und faßte den Entschluß, María zu vergessen.

Nach zwei Monaten hatte María sich noch nicht an das Leben im Sanatorium angepaßt. Sie überlebte gerade, kostete kaum von den Mahlzeiten, bei denen das Besteck an den Tisch aus rohem Holz gekettet war, und hielt die Augen fest auf die Lithographie des Generals Francisco Franco geheftet, der in dem düsteren mittelalterlichen Speisesaal präsidierte. Am Anfang verweigerte sie sich den kanonischen Stunden mit der einfältigen Routine von Frühmetten, Laudes, Vespern und anderen Gottesdiensten, die den Hauptteil der Zeit beanspruchten. Sie lehnte es ab, im Pausenhof Ball zu spielen und in der Werkstatt für künstliche Blumen zu arbeiten, die eine Gruppe der Insassinnen mit frenetischer Emsigkeit besuchte. Nach der dritten Woche aber begann sie sich nach und nach in das Klosterleben einzugliedern. Schließlich und endlich, pflegten die Ärzte zu sagen, fingen alle so an und integrierten sich dann früher oder später in die Gemeinschaft.

Der Mangel an Zigaretten, in den ersten Tagen von einer Wärterin behoben, die Zigaretten zum Goldpreis verkaufte, marterte María wieder, als das wenige Geld, das sie dabei hatte, zu Ende war. Später tröstete sie sich mit den Zigarren aus Zeitungspapier, die einige Insassinnen aus weggeworfenen Kippen fabrizierten; die Obsession zu rauchen war inzwischen so stark wie die zu telefonieren. Die mageren Peseten, die sie sich später mit der Herstellung von künstlichen Blumen verdiente, gewährten ihr flüchtige Linderung.

Das Härteste war die Einsamkeit der Nächte. Viele Patientinnen blieben wie sie im Halbdunkel wach, wagten aber nichts zu tun, da die Nachtwärterin selbst an der mit Kette und Schloß gesicherten Tür wachte. Eines Nachts aber, bedrückt von der Schwermut, fragte María laut genug, daß ihre Bettnachbarin sie hören konnte:

»Wo sind wir?«
Die tiefe und luzide Stimme der Nachbarin antwortete ihr:
»In der tiefsten Hölle.«
»Es heißt, das hier sei Mohrenland«, sagte eine andere, entferntere Stimme, die im Schlafsaal widerhallte. »Und das stimmt wohl, denn im Sommer, wenn der Mond scheint, hört man die Hunde das Meer anheulen.«
Wie den Anker einer Galeone hörte man die Kette in den Ringen, und die Tür öffnete sich. Die Kerkerwächterin, das einzige Wesen, das in dem augenblicklichen Schweigen lebendig zu sein schien, begann von einem Ende des Schlafsaals zum anderen hin und her zu wandern. María erschrak, und nur sie wußte, warum.
Schon während der ersten Woche im Sanatorium hatte ihr die Nachtwärterin ohne Umschweife vorgeschlagen, sie solle mit ihr im Wachtzimmer schlafen. Sie begann in einem geschäftsmäßigem Ton: Liebe im Tausch für Zigaretten, für Schokolade, für was auch immer. »Du wirst alles haben«, sagte sie bebend zu María. »Du wirst die Königin sein.« Nach Marías Absage änderte die Wärterin die Taktik, sie steckte ihr Liebeszettelchen unter das Kopfkissen, in die Taschen des Kittels, an die unerwartetsten Orte. Es waren Botschaften eines herzzerreißenden Dranges, zum Steinerweichen. An dem Abend, als sich der Zwischenfall im Schlafsaal ereignete, war es mehr als einen Monat her, daß sie sich in die Niederlage geschickt zu haben schien.
Als sie davon überzeugt war, daß alle Insassinnen schliefen, näherte sich die Wärterin Marías Bett und flüsterte ihr allerlei zärtliche Obszönitäten ins Ohr, während sie ihr das Gesicht, den vor Entsetzen angespannten Hals küßte, die schlaffen Arme, die erschöpften Beine. Zuletzt, vielleicht im Glauben, daß Marías Lähmung nicht Angst, sondern Willfährigkeit bedeutete, wagte sie sich noch weiter vor. Da gab ihr María einen Stoß mit dem Handrücken, der sie gegen das

Nachbarbett schleuderte. Die Wärterin richtete sich wutschnaubend inmitten des Gekreischs der aufgeschreckten Frauen auf.
»Hurenstück«, schrie sie. »Wir werden in diesem Saustall zusammen verfaulen, bis du verrückt nach mir bist.«
Der Sommer kam ohne Vorwarnung am ersten Junisonntag, und man mußte Notmaßnahmen ergreifen, weil die schwitzenden Frauen während der Messe anfingen, ihre Etaminkittel auszuziehen. María betrachtete amüsiert das Schauspiel der nackten Kranken, die von den Wärterinnen wie blinde Hühner durch das Kirchenschiff gejagt wurden. Sie versuchte sich inmitten des allgemeinen Durcheinanders vor zufälligen Hieben zu bewahren und fand sich, ohne recht zu wissen wie, allein in einem verlassenen Büro, wo ein Telefon wieder und wieder mit flehentlichem Ton klingelte. María hob, ohne sich etwas zu denken, ab und hörte eine ferne und fröhliche Stimme, die sich damit vergnügte, die telefonische Zeitansage nachzuahmen:
»Es ist fünfundvierzig Uhr zweiundneunzig Minuten und hundertsieben Sekunden.«
»Schwuchtel«, sagte María.
Sie hängte amüsiert auf. Sie wollte schon gehen, als sie merkte, daß sie eine unwiederholbare Gelegenheit vorbeigehen ließ. Dann wählte sie sechs Nummern, mit solcher Anspannung und solcher Eile, daß sie nicht sicher war, ob es ihre Telefonnummer war. Sie wartete mit ungestümem Herzen, hörte die vertraute Klingel mit ihrem gierigen und traurigen Ton, einmal, zweimal, dreimal, und hörte endlich die Stimme des Mannes ihres Lebens in dem Haus ohne sie.
»Ja?«
Sie mußte warten, bis sich der Tränenkloß in ihrem Hals gelöst hatte.
»Mein Hase, mein Liebling«, seufzte sie.
Die Tränen besiegten sie. Am anderen Ende der Leitung gab

es ein kurzes erschrecktes Schweigen, dann spuckte die von der Eifersucht angeheizte Stimme ein Wort aus:
»Nutte!«
Und legte abrupt auf.
An jenem Abend riß María in einem frenetischen Anfall die Lithographie des Generalissimus im Refektorium herunter, schleuderte sie mit aller Kraft gegen das Fenster zum Garten und stürzte in Blut gebadet hin. Ihr blieb noch genug Wut übrig, um sich mit Schlägen gegen die Wärter zu wehren, die sie vergeblich in den Griff zu bekommen suchten, bis sie Herculina im Türrahmen aufgepflanzt sah, die Arme gekreuzt, die Augen auf sie geheftet. Sie ergab sich. Nichtsdestotrotz wurde sie zum Pavillon der tobsüchtigen Irren geschleift, man gab ihr den Rest mit einem Strahl eisigen Wassers und injizierte ihr Terpentin in die Beine. Wegen der dadurch ausgelösten Entzündung konnte María nicht laufen, und ihr wurde klar, daß es nichts auf der Welt gab, zu dem sie nicht fähig gewesen wäre, um dieser Hölle zu entfliehen. In der Woche darauf, als sie schon wieder in den allgemeinen Schlafsaal zurückgekehrt war, schlich sie sich aus dem Bett und pochte an die Zelle der Nachtwärterin.
Marías Preis, den sie im voraus verlangte, war, daß ihr Mann eine Botschaft erhielt. Die Wärterin ging darauf ein, vorausgesetzt, der Handel bliebe absolut geheim. Und sie drohte ihr mit einem unerbittlichen Zeigefinger:
»Wenn es irgendwann herauskommt, stirbst du.«
Also erschien Saturno der Magier am nächsten Sonnabend mit dem für die Feier von Marías Rückkehr hergerichteten Zirkuskleinlaster im Sanatorium der Irren. Der Direktor persönlich empfing ihn in seinem Büro, das so sauber und aufgeräumt wie ein Kriegsschiff war, und gab ihm einen freundlichen Bericht über den Zustand seiner Frau. Niemand wußte, woher sie gekommen war, noch wann und wie, denn der erste Hinweis auf ihre Einlieferung war das offi-

zielle Krankenblatt, das er selbst diktiert hatte, nachdem er mit ihr gesprochen hatte. Eine am selben Tag begonnene Untersuchung hatte zu nichts geführt. Jedenfalls beschäftigte den Direktor am meisten, woher Saturno den Aufenthaltsort seiner Frau erfahren hatte. Saturno schützte die Wärterin.

»Die Versicherung des Wagens hat mich informiert«, sagte er.

Der Direktor nickte befriedigt. »Ich weiß nicht, wie die Versicherungen das anstellen, alles zu wissen«, sagte er. Er warf einen Blick auf die Akte, die er auf seinem Schreibtisch eines Asketen liegen hatte, und faßte zusammen:

»Gewiß ist allein, daß ihr Zustand ernst ist.«

Er war bereit, Saturno dem Magier einen Besuch unter den nötigen Vorsichtsmaßnahmen zu erlauben, wenn er ihm zum Wohle seiner Frau versprach, sich den Anweisungen entsprechend zu verhalten. Vor allem was den Umgang mit ihr betraf, um einen Rückfall in ihre immer häufigeren und gefährlichen Wutausbrüche zu vermeiden.

»Das ist seltsam«, sagte Saturno. »Sie hat immer einen starken Willen gehabt, aber auch große Beherrschung.«

Der Arzt machte die Geste eines Weisen. »Es gibt Verhaltensformen, die viele Jahre lang latent bleiben und dann eines Tages ausbrechen«, sagte er. »Wie auch immer, es ist ein Glück, daß sie hierhergeraten ist, denn wir sind Spezialisten für Fälle, die eine harte Hand verlangen.« Zum Schluß machte er noch eine Bemerkung über Marías seltsame Telefonobsession.

»Machen Sie das Spiel mit«, sagte er.

»Keine Sorge, Doktor«, sagte Saturno in einem fröhlichen Ton. »Das ist meine Spezialität.«

Der Besuchsraum, eine Mischung aus Gefängniszelle und Beichtstuhl, war das ehemalige Sprechzimmer des Klosters. Als Saturno hereinkam, gab es nicht die Jubelexplosion, die beide hätten erwarten können. María stand in der Mitte des

Raums neben einem Tischchen mit zwei Stühlen und einer Vase ohne Blumen. Sie war offensichtlich zum Gehen bereit, trug ihr erbärmliches himbeerfarbenes Mäntelchen und ein paar schmutzige Schuhe, die man ihr aus Barmherzigkeit überlassen hatte. In einer Ecke stand fast unsichtbar Herculina mit gekreuzten Armen. María bewegte sich nicht, als sie ihren Mann eintreten sah, und zeigte auch keinerlei Gemütsregung auf dem noch von den Verheerungen der Glasscheibe fleckigen Gesicht. Sie gaben sich einen Routinekuß.

»Wie fühlst du dich?« fragte er sie.

»Glücklich, daß du endlich gekommen bist, Hase«, sagte sie. »Das hier war der Tod.«

Sie hatten keine Zeit, sich zu setzen. Tränenerstickt erzählte ihm María von dem Elend im Kloster, von der Barbarei der Wärterinnen, dem Hundefraß, den unendlichen Nächten, in denen sie vor Panik kein Auge zugetan hatte.

»Ich weiß schon nicht mehr, wie viele Tage oder Monate oder Jahre ich hier bin, aber ich weiß, daß es immer noch schlimmer kam«, sagte sie und seufzte aus ganzer Seele: »Ich glaube, ich werde nie wieder dieselbe sein.«

»Das ist jetzt alles vorbei«, sagte er und streichelte ihr mit den Fingerkuppen über die frischen Narben im Gesicht. »Ich werde weiterhin jeden Samstag kommen. Und öfter, wenn der Direktor es mir erlaubt. Du wirst schon sehen, es wird alles gut.«

Mit entsetzten Augen starrte sie ihm in die Augen. Saturno versuchte es mit seinen Vorspiegelungskünsten. Er erzählte ihr, im kindlichen Ton der großen Lügen, eine versüßte Fassung der Prognose des Arztes. »Kurz und gut«, schloß er, »es fehlen dir nur noch ein paar Tage, um völlig wiederhergestellt zu sein.« María begriff die Wahrheit.

»Du lieber Gott, Hase«, sagte sie fassungslos. »Du glaubst doch nicht etwa auch, daß ich verrückt bin!«

»Wie kommst du darauf!« sagte er und versuchte zu lachen.

»Es ist nur so, daß es für alle viel sinnvoller ist, wenn du noch eine Zeitlang hier bleibst. Unter besseren Bedingungen, versteht sich.«

»Aber ich habe dir doch schon gesagt, daß ich nur zum Telefonieren gekommen bin!« sagte María.

Er wußte nicht, wie er auf die beängstigende Obsession reagieren sollte. Er sah Herculina an. Diese nützte den Blick, um auf ihre Armbanduhr zu zeigen, es war Zeit, den Besuch zu beenden. María fing das Signal auf, schaute hinter sich und sah Herculina schon angespannt für den bevorstehenden Angriff. Da klammerte sie sich an den Hals ihres Mannes und schrie wirklich wie eine Irre. Er schob sie mit so viel Liebe wie möglich von sich und überließ sie der Gnade von Herculina, die sie von hinten ansprang. Ohne ihr Zeit zu einer Reaktion zu geben, legte sie María mit der Linken lahm, drückte ihr den anderen Eisenarm um den Hals und schrie Saturno dem Magier zu:

»Gehen Sie!«

Saturno floh entsetzt.

Am nächsten Samstag jedoch, schon erholt vom Schrecken des Besuchs, kam er ins Sanatorium zurück und hatte die Katze dabei, die genauso gekleidet war wie er: das rotgelbe Trikot des großen Leotardo, den Zylinder und ein weites Cape, das zum Fliegen gemacht schien. Er kam mit dem Jahrmarktskleinlaster bis auf den Hof und gab dort eine Vorstellung, die reich an Wundern war, fast drei Stunden dauerte und von den Insassinnen auf den Balkons genossen und mit schrillen Schreien und unpassenden Ovationen begleitet wurde. Alle waren sie da, nur María nicht, die sich nicht nur weigerte, ihren Mann zu empfangen, sondern ihn auch nicht vom Balkon aus sehen wollte. Saturno war tödlich verletzt.

»Das ist eine typische Reaktion«, tröstete ihn der Direktor. »Das geht vorüber.«

Aber es ging nie vorüber. Nachdem er noch viele Male versucht hatte, María zu sehen, tat Saturno das Unmögliche, damit sie einen Brief annahm, aber es war vergeblich. Viermal ließ sie den Brief verschlossen und ohne Kommentar zurückgehen. Saturno gab auf, hinterließ aber weiter beim Portier des Hospitals die Zigarettenrationen, ohne je zu wissen, ob María sie auch bekam, bis ihn die Realität besiegte. Man hörte nie wieder von ihm, außer daß er wieder geheiratet hatte und in sein Land zurückgekehrt war. Bevor er aus Barcelona abreiste, hinterließ er die halbverhungerte Katze einer Zufallsfreundin, die sich auch verpflichtete, María weiter Zigaretten zu bringen. Aber sie verschwand ebenfalls. Rosa Regàs erinnerte sich daran, die Frau etwa vor zwei Jahren am Corte Inglés gesehen zu haben, mit geschorenem Schädel, im orangefarbenen Gewand irgendeiner orientalischen Sekte und hochschwanger. Sie hatte ihr erzählt, daß sie María, wann immer sie konnte, weiter Zigaretten gebracht und auch einige unvorhergesehene Probleme für sie gelöst habe, bis sie eines Tages nur noch Schutt vorgefunden hatte. Das Hospital, eine schlechte Erinnerung an unliebsame Zeiten, war niedergerissen worden. Als sie María zuletzt gesehen hatte, war sie ihr höchst luzide erschienen, ein wenig übergewichtig und zufrieden in der Ruhe des Klosters. An dem Tag hatte sie ihr auch die Katze gebracht, da das Geld, das ihr Saturno für Futter hinterlassen hatte, bereits aufgebraucht war.

April 1978

Augustspuk

Wir kamen kurz vor Mittag in Arezzo an und verloren über zwei Stunden bei der Suche nach dem Renaissanceschloß, das sich der venezolanische Schriftsteller Miguel Otero Silva in diesem idyllischen Winkel der Toskana gekauft hatte. Es war ein Sonntag Anfang August, glühend heiß und turbulent, und es war nicht leicht, in den mit Touristen verstopften Straßen jemanden zu finden, der sich auskannte. Nach vielen vergeblichen Versuchen gingen wir zurück zum Wagen, verließen die Stadt auf einem unbeschilderten Feldweg, den Zypressen säumten, und eine alte Gänsehirtin wies uns dann sehr genau den Weg zum Schloß. Bevor sie sich verabschiedete, fragte sie uns, ob wir vorhätten, dort zu übernachten, und wir antworteten ihr wahrheitsgemäß, daß wir nur zum Mittagessen dorthin wollten.

»Um so besser«, sagte sie, »in dem Haus spukt es nämlich.«

Meine Frau und ich glauben nicht an Mittagsgespenster, und wir mokierten uns über ihre Leichtgläubigkeit. Aber unsere zwei Söhne, neun und sieben Jahre alt, machte der Gedanke, ein leibhaftiges Gespenst kennenzulernen, überglücklich.

Miguel Otero Silva, der nicht nur ein guter Schriftsteller, sondern auch ein großzügiger Gastgeber und ein kultivierter Esser war, wartete mit einem schier unvergeßlichen Mittagsmahl auf uns. Da wir uns verspätet hatten, blieb vor Tisch keine Zeit, das Schloß von innen zu besichtigen, von außen hatte es jedenfalls nichts Erschreckendes, und jedwede Sorge verflüchtigte sich angesichts der Stadt, die wir von der Blumenterrasse, wo wir speisten, ganz überblicken konnten. Schwer vorstellbar, daß auf jenem Hügel mit den aufwärtsstrebenden Häusern, wo gerade einmal 90 000 Personen Platz hatten, so viele Männer von unvergänglichem Genie geboren worden waren. Miguel Otero Silva meinte jedoch

mit seinem karibischen Humor zu uns, daß keiner von diesen allen der bedeutendste Sohn Arezzos sei.
»Der größte war nämlich Ludovico«, stellte er fest.
So einfach, ohne Nachnamen: Ludovico, der große Herr der Künste und des Krieges, der dieses Schloß seines Verderbens erbaut hatte und von dem uns Miguel das ganze Essen über erzählte. Er erzählte uns von seiner maßlosen Macht, von seiner unglückseligen Liebe und von seinem grauenvollen Tod. Er berichtete uns, wie es denn kam, daß Ludovico in einem Augenblick leidenschaftlichen Wahnsinns die Dame seines Herzens in dem Bett erdolchte, auf dem sie sich eben noch geliebt hatten, und dann seine scharfen Kampfhunde auf sich selbst hetzte, die ihn mit ihren Fängen zerfleischten. Miguel versicherte uns ganz ernsthaft, daß ab Mitternacht der Geist Ludovicos durch das dunkle Gebäude wandle und Ruhe vor seinem Fegefeuer der Liebe suche.
Das Schloß war tatsächlich riesig und düster. Aber bei hellichtem Tag, mit vollem Bauch und frohem Herzen, konnte die Geschichte uns nur als einer der vielen Scherze erscheinen, mit denen Miguel seine Gäste unterhielt. Die zweiundachtzig Zimmer, die wir ohne Überraschungen nach der Siesta besichtigten, hatten mit ihren jeweiligen Besitzern allerlei Veränderungen durchgemacht. Miguel hatte das Erdgeschoß gänzlich restauriert und sich ein modernes Schlafzimmer mit Marmorboden, einer Sauna und Vorrichtungen für die körperliche Ertüchtigung einbauen lassen, dazu die Terrasse mit den leuchtenden Blumen, auf der wir gegessen hatten. Der erste Stock, der im Laufe der Jahrhunderte am meisten genutzt worden war, bestand aus einer Flucht von Zimmern ohne besonderem Charakter, deren Möbel aus verschiedenen Epochen ihrem Schicksal überlassen worden waren. Im letzten Stock hatte sich jedoch ein Zimmer unverändert erhalten, die Zeit hatte vergessen, hindurchzugehen. Das war Ludovicos Schlafzimmer.

Es war ein magischer Augenblick. Da stand das Himmelbett mit den goldbestickten Vorhängen, und die Überdecke, ein Wunderwerk der Posamentierkunst, war noch steif von dem getrockneten Blut der geopferten Geliebten. Da war der Kamin mit der erkalteten Asche und dem letzten versteinerten Holzscheit, der Schrank mit den gut gepflegten Waffen und in einem Goldrahmen das Ölportrait des nachdenklichen Ritters, gemalt von einem der florentinischen Meister, die nicht das Glück gehabt hatten, ihre Zeit zu überleben. Was mich jedoch am meisten beeindruckte, war der Geruch nach frischen Erdbeeren, der unerklärlicherweise im Raum hing.
Die Sommertage sind lang und gemächlich in der Toskana, und der Horizont rückt bis neun Uhr abends nicht von der Stelle. Bis wir das ganze Schloß kennengelernt hatten, war es nach fünf, doch Miguel bestand darauf, uns die Fresken von Piero della Francesca in der Kirche des heiligen Franziskus zu zeigen, dann tranken wir einen angenehm verplauderten Kaffee unter den Arkaden an der Piazza, und als wir zurückkamen, um unsere Koffer abzuholen, war das Abendessen aufgetragen. Also blieben wir zum Essen.
Während wir unter einem malvenfarbenen Himmel mit einem einzigen Stern aßen, zündeten sich die Kinder in der Küche Fackeln an und brachen auf, um die Düsternis in den oberen Stockwerken zu erkunden. Vom Tisch aus hörten wir sie wie wilde Pferde über die Treppen galoppieren, hörten das Ächzen der Türen, die glücklichen Schreie, mit denen sie in den finsteren Räumen nach Ludovico riefen. Die Kinder kamen auf den dummen Gedanken, zum Schlafen zu bleiben. Miguel Otero Silva unterstützte sie begeistert, und wir hatten nicht die nötige Zivilcourage, nein zu sagen.
Meinen Befürchtungen zum Trotz schliefen wir sehr gut, meine Frau und ich in einem Schlafzimmer im Erdgeschoß und die Kinder in dem Zimmer daneben. Beide Räume waren modernisiert worden und hatten nichts Düsteres. Wäh-

rend ich versuchte, Schlaf zu finden, zählte ich die zwölf schlaflosen Schläge der Pendeluhr im Salon und erinnerte mich an die schauerliche Warnung der Gänsehirtin. Aber wir waren so müde, daß wir bald einschliefen, ein tiefer und gleichmäßiger Schlaf, und als ich aufwachte, war es nach sieben und die Sonne strahlte durch die Ranken am Fenster. An meiner Seite segelte meine Frau durch das ruhige Meer der Unschuldigen. »Was für ein Quatsch«, sagte ich mir, »heutzutage immer noch an Gespenster zu glauben.« Erst dann ließ mich der Duft von frisch gepflückten Erdbeeren erschauern, und ich sah den Kamin mit der kalten Asche, dem letzten versteinerten Holzscheit und das Bildnis des traurigen Ritters, der im goldenen Rahmen uns aus der Ferne von drei Jahrhunderten ansah. Denn wir waren nicht in dem Zimmer des Erdgeschosses, wo wir uns am Abend zuvor schlafen gelegt hatten, sondern in Ludovicos Schlafzimmer, unter dem Baldachin und den staubigen Vorhängen und den mit noch warmem Blut getränkten Laken seines verwünschten Betts.

Oktober 1980

María dos Prazeres

Der Mann vom Bestattungsinstitut kam so pünktlich, daß María dos Prazeres noch im Bademantel war und den Kopf voller Lockenwickler hatte und ihr kaum Zeit blieb, sich noch eine rote Rose hinters Ohr zu stecken, um nicht so unattraktiv auszusehen, wie sie sich fühlte. Sie bedauerte ihre Verfassung noch mehr, als sie die Tür öffnete und sah, daß da nicht ein düsterer Notar stand, wie sie sich die Händler des Todes vorgestellt hatte, sondern ein schüchterner junger Mann in einer karierten Jacke und einer Krawatte mit bunten Vögeln. Er trug keinen Mantel trotz des ungewissen Frühlings von Barcelona, dessen Nieselregen bei stetem Wind ihn meist weniger erträglich als den Winter machte. María dos Prazeres, die so viele Männer zu jedweder Stunde empfangen hatte, fühlte sich wie selten beschämt. Sie war eben sechsundsiebzig Jahre alt geworden und davon überzeugt, vor Weihnachten zu sterben, und dennoch war sie drauf und dran, die Tür wieder zu schließen und den Verkäufer von Begräbnissen zu bitten, einen Augenblick zu warten, bis sie sich angezogen hätte, um ihn, wie er es verdiente, zu empfangen. Dann dachte sie aber, daß er auf dem dunklen Treppenabsatz frieren könnte, und bat ihn herein.

»Verzeihen Sie diese Fledermausaufmachung«, sagte sie, »aber ich lebe nun über fünfzig Jahre in Katalonien, und es ist das erste Mal, daß jemand zur angekündigten Uhrzeit kommt.«

Sie sprach ein perfektes Katalanisch von einer etwas archaischen Reinheit, dem die Musik ihres vergessenen Portugiesisch dennoch anzuhören war. Trotz ihrer Jahre und der Drahtrollen im Haar war sie immer noch eine wohlgestalte und lebhafte Mulattin, mit hartem Haar und gelben, entzündbaren Augen, und sie hatte schon vor langer Zeit das

Mitleid mit den Männern verloren. Der Verkäufer, geblendet von der Helligkeit der Straße, machte keinerlei Bemerkung, sondern putzte sich die Schuhe an der Fußmatte aus Jute ab und küßte ihr mit einer Verneigung die Hand.

»Du bist ein Mann wie die zu meinen Zeiten«, sagte María dos Prazeres mit prasselndem Lachen. »Setz dich hin.«

Obgleich er neu in der Branche war, kannte er sich doch soweit aus, daß er nicht um acht Uhr morgens einen so fröhlichen Empfang erwartete, schon gar nicht von einer erbarmungslosen Alten, die auf den ersten Blick wie eine entlaufene Irre aus Übersee wirkte. So blieb er, während María dos Prazeres die dicken Plüschvorhänge an den Fenstern zurückzog, einen Schritt von der Tür entfernt stehen und wußte nicht, was er sagen sollte. Der matte Aprilschein erhellte kaum den geordneten Wohnraum, der eher der Auslage eines Antiquitätenhändlers glich. Es waren Dinge des täglichen Lebens, keines zuviel und keines zu wenig, und jedes einzelne schien an seinen natürlichen Ort gestellt, mit einem so sicheren Geschmack, daß es nicht leicht gewesen wäre, ein besser ausgestattetes Haus zu finden, und das in einer so alten und unergründlichen Stadt wie Barcelona.

»Verzeihen Sie«, sagte er. »Ich habe mich in der Tür geirrt.«

»Schön wär's«, sagte sie, »aber der Tod irrt sich nicht.«

Der Verkäufer öffnete auf dem Eßtisch ein Faltblatt mit vielen Kniffen, einer Seekarte gleich, mit verschiedenfarbigen Parzellen und zahlreichen Kreuzen und Zahlen auf jeder Farbe. María dos Prazeres erkannte, daß es sich um einen vollständigen Plan des riesigen Friedhofs von Montjuich handelte, und sie erinnerte sich mit einem uralten Entsetzen an den Gottesacker von Manaos unter den Wolkenbrüchen im Oktober, wo zwischen namenlosen Hügeln und den florentinisch verglasten Mausoleen von Abenteurern die Tapire herumplantschten. Eines Morgens, sie war noch ein kleines Mädchen, hatte sich der über die Ufer getretene Amazonas

in einen stinkenden Sumpf verwandelt, und sie hatte die geborstenen Särge gesehen, die im Patio ihres Hauses trieben, Stoffetzen und Totenhaar in den Ritzen. Diese Erinnerung war der Grund dafür, daß sie den Berg von Montjuich ausgesucht hatte, um in Frieden zu ruhen, und nicht den kleinen Friedhof von San Gervasio, so nah und vertraut er auch war.
»Ich möchte einen Platz, wo niemals Wasser hinkommt«, sagte sie.
»Hier haben Sie ihn«, sagte der Verkäufer und zeigte mit einem ausfahrbaren Zeigestock darauf, den er wie einen stählernen Federhalter in der Tasche trug. »Kein Meer steigt so hoch.«
Sie orientierte sich auf der Farbtafel, bis sie den Haupteingang gefunden hatte, wo die drei identischen namenlosen Gräber lagen, in denen Buenaventura Durruti und zwei weitere im Bürgerkrieg gefallene Anarchistenführer ruhten. Jede Nacht schrieb irgend jemand die Namen auf die leeren Grabsteine. Sie schrieben sie mit Bleistift, mit Farbe, mit Kohle, mit Augenbrauenstift oder Nagellack, mit allen Buchstaben und in der richtigen Reihenfolge, und jeden Morgen wischten die Wächter sie wieder weg, damit niemand erführe, wer wer unter dem stummen Marmor war. María dos Prazeres hatte an dem Begräbnis von Durruti teilgenommen, das traurigste und turbulenteste, das es in Barcelona je gegeben hatte, und wollte in der Nähe seines Grabes ruhen. Aber es war kein Platz frei in dem weiten übervölkerten Gräberfeld. Also gab sie sich mit dem Möglichen zufrieden. »Unter der Voraussetzung, daß ich nicht in eine dieser Fünfjahresschubladen gesteckt werde, wo man wie bei der Post liegt.« Und dann, da ihr plötzlich die wesentliche Bedingung einfiel, schloß sie:
»Und vor allem will ich liegend begraben werden.«
Tatsächlich ging als Reaktion auf die lautstarke Werbung für den Grabkauf durch Ratenvorauszahlung das Gerücht um,

daß man, um Platz zu sparen, vertikale Bestattungen durchführe. Der Verkäufer erklärte mit der Präzision einer auswendig gelernten und oft wiederholten Rede, daß dieses Gerücht eine ruchlose Verleumdung von seiten der traditionellen Bestattungsinstitute sei, um die Einführung der neuartigen Ratengräber zu diskreditieren. Während er das erklärte, klopfte es dreimal sacht an die Tür, und er machte unsicher eine Pause, aber María dos Prazeres bedeutete ihm fortzufahren.

»Seien Sie unbesorgt«, sagte sie leise. »Das ist der Noi.«

Der Verkäufer nahm den Faden wieder auf, und María dos Prazeres war mit seiner Erklärung zufrieden. Bevor sie die Tür öffnete, wollte sie jedoch all die Überlegungen abschließend zusammenfassen, die seit jener legendären Flut in Manaos über viele Jahre bis in die intimsten Details in ihrem Herzen herangereift waren.

»Um es deutlich zu sagen«, sagte sie, »ich suche einen Platz, wo ich ohne das Risiko von Überschwemmungen unter der Erde liege und im Sommer wenn möglich im Schatten von Bäumen und wo man mich nicht nach einer gewissen Zeit wieder ausgräbt, um mich dann auf den Müll zu kippen.«

Sie öffnete die Eingangstür, und herein kam ein kleiner Pudel, naß vom Regen und leicht verwahrlost, wie sonst nichts in der Wohnung. Er kam von seinem morgendlichen Spaziergang durch die Nachbarschaft zurück, und beim Hereinkommen überkam ihn ein Anfall von Ausgelassenheit. Er sprang sinnlos bellend auf den Tisch und hätte mit seinen schlammverdreckten Pfoten fast den Friedhofsplan ruiniert. Ein einziger Blick seiner Herrin genügte jedoch, sein Ungestüm zu mäßigen.

»Noi!« sagte sie, ohne zu schreien. »*Baixa d'Aci*!«

Das Tier duckte sich, schaute sie erschrocken an, und ein paar klare Tränen kullerten seine Schnauze hinab. Dann wandte sich María dos Prazeres wieder dem Verkäufer zu und sah, daß er perplex war.

»*Collons*!« rief er aus. »Er hat geweint!«
»Er ist eben aufgeregt, weil er hier jemanden zu dieser Zeit antrifft«, entschuldigte ihn María dos Prazeres leise. »Im allgemeinen kommt er vorsichtiger als jeder Mann ins Haus. Dich ausgenommen, wie ich bereits gesehen habe.«
»Aber er hat geweint, verdammt noch mal!« wiederholte der Verkäufer, wurde sich gleich seines Ausrutschers bewußt und entschuldigte sich errötend: »Entschuldigen Sie, aber so etwas sieht man nicht einmal im Kino!«
»Alle Hunde können das, wenn man es ihnen beibringt«, sagte sie. »Statt dessen verbringen ihre Besitzer ihre liebe lange Zeit damit, ihnen Gewohnheiten anzuerziehen, unter denen sie leiden, etwa vom Teller zu essen oder ihren Dreck zur selben Zeit und am selben Ort wie sie selbst zu machen. Natürliche Dinge dagegen, die ihnen Spaß machen, wie lachen oder weinen, bringen sie ihnen nicht bei. Wo waren wir gerade?«
Es fehlte nur noch wenig. María dos Prazeres mußte sich auch mit Sommern ohne Bäume abfinden, denn der Schatten der einzigen Bäume, die es auf dem Friedhof gab, war für die Spitzen des Regimes reserviert. Die Bedingungen und Formeln des Vertrags aber waren überflüssig, da sie den Rabatt bei Vorauszahlung in bar ausnützen wollte.
Erst als sie fertig waren und er die Papiere wieder in der Mappe verstaute, betrachtete der Vertreter die Wohnung mit bewußtem Blick und wurde vom magischen Atem ihrer Schönheit berührt. Als sei es das erste Mal, sah er María dos Prazeres noch einmal an.
»Darf ich Ihnen eine indiskrete Frage stellen?« fragte er.
Sie führte ihn zur Tür.
»Selbstverständlich«, sagte sie, »solange es nicht um das Alter geht.«
»Ich habe die Manie, von den Dingen in einem Haus auf den Beruf der Bewohner zu schließen, und die Wahrheit

ist, daß ich es hier nicht schaffe«, sagte er. »Was machen Sie?«
María dos Prazeres lachte laut heraus und antwortete:
»Ich bin Hure, mein Sohn. Oder sieht man mir das schon nicht mehr an?«
Der Vertreter wurde rot.
»Es tut mir leid.«
»Eher müßte es mir leid tun«, sagte sie und nahm ihn am Arm, um zu verhindern, daß er gegen die Tür rannte. »Und paß auf! Brech dir nicht das Genick, bevor du mich ordentlich begraben hast.«
Sobald sie die Tür geschlossen hatte, hob sie den kleinen Hund hoch, begann ihn zu kraulen und fiel mit ihrer schönen afrikanischen Stimme in den Chor der Kinder ein, der gerade vom benachbarten Kindergarten her erklang. Drei Monate zuvor hatte sie im Traum die Offenbarung gehabt, daß sie sterben würde, und seitdem fühlte sie sich mehr denn je an dieses Geschöpf ihrer Einsamkeit gebunden. Sie hatte mit solcher Sorgfalt die postume Verteilung ihrer Sachen und das Schicksal ihres Körpers vorausgeplant, daß sie in eben jenem Augenblick hätte sterben können, ohne irgend jemanden zu belästigen. Sie hatte sich freiwillig mit einem Stück für Stück, aber ohne allzu bittere Opfer angesammelten Vermögen zur Ruhe gesetzt und als letzte Zuflucht das alte und noble Dorf Gràcia gewählt, das bereits von der expandierenden Stadt geschluckt worden war. Sie hatte das heruntergekommene Hochparterre gekauft, das immer nach geräucherten Heringen roch und dessen vom Salpeter angefressene Mauern noch die Einschläge irgendeines ruhmlosen Gefechts aufwiesen. Es gab keinen Portier, und den feuchten und dunklen Treppen fehlten einige Stufen, obgleich alle Stockwerke bewohnt waren. María dos Prazeres ließ das Bad und die Küche renovieren, tapezierte die Wände in fröhlichen Farben, setzte geschliffene Scheiben in die Fen-

ster und hängte Samtvorhänge davor. Zuletzt ließ sie die kunstvollen Möbel, die Gebrauchs- und Schmuckgegenstände und die Truhen mit Seide und Brokat bringen, die einst von den Faschisten aus den in der Eile der Niederlage verlassenen Residenzen der Republikaner gestohlen worden waren. Sie hatte sie über Jahre hinweg nach und nach auf heimlichen Versteigerungen und zu Gelegenheitspreisen erstanden. Die einzige Verbindung, die ihr zur Vergangenheit blieb, war ihre Freundschaft mit dem Grafen von Cardona, der sie weiterhin an jedem letzten Freitag im Monat zum Essen und zu einer schleppenden Liebe nach Tisch besuchte. Aber selbst jene Jugendfreundschaft wurde diskret gehandhabt, denn der Graf ließ seinen Wagen mit den heraldischen Emblemen in übervorsichtiger Distanz stehen und gelangte, um sowohl ihre wie die eigene Ehre zu schützen, im Schatten gehend zu ihrem Hochparterre. María dos Prazeres kannte niemanden in dem Gebäude, ausgenommen ein ganz junges Paar mit einem neunjährigen Mädchen, das seit kurzem hinter der Tür ihr gegenüber wohnte. Kaum zu glauben, aber wahr, sie war nie jemand anderem auf der Treppe begegnet.

Dennoch bewies ihr die Verteilung ihres Erbes, daß sie, mehr als selbst vermutet, in jener Gemeinschaft rauher Katalanen, deren Nationalstolz sich auf das Schamgefühl gründete, verwurzelt war. Sogar den unbedeutendsten Krimskrams hatte sie unter den Menschen aufgeteilt, die ihrem Herzen am nächsten standen, und das waren jene, die ihrem Haus am nächsten wohnten. Am Ende war sie nicht ganz davon überzeugt, gerecht gewesen zu sein, dafür war sie sich aber sicher, niemanden, der es nicht verdiente, vergessen zu haben. Es war ein so genau vorbereiteter Akt, daß der Notar aus der Calle del Arbol, der sich rühmte, schon alles gesehen zu haben, seinen Augen nicht trauen mochte, als er sie sah, wie sie seinen Schreibern auswendig die minutiöse Liste ihrer Besitztümer mit dem jeweils präzisen altkatalanischen Namen der Dinge diktierte, sowie die vollständige Liste der Erben mit ihren Berufen und Adressen und dem Platz, den sie in ihrem Herzen innehatten.

Seit dem Besuch des Bestattungsverkäufers gehörte auch sie zu den zahlreichen sonntäglichen Besuchern des Friedhofs. Wie ihre Grabnachbarn säte sie in den kleinen Beeten Blumen für alle Jahreszeiten, goß den eben sprießenden Rasen, begradigte ihn mit der Gartenschere, bis er wie ein Teppich im Rathaus aussah, und freundete sich derart mit dem Ort an, daß sie am Ende nicht mehr verstand, warum er ihr anfangs so trostlos vorgekommen war.

Bei ihrem ersten Besuch machte ihr Herz einen Sprung, als sie neben dem Portal die drei namenlosen Gräber sah, aber sie blieb nicht einmal stehen, um sie anzusehen, da wenige Schritte von ihr der ewig wache Schutzmann stand. Am dritten Sonntag aber nützte sie eine Unaufmerksamkeit, um sich einen ihrer größten Wünsche zu erfüllen, und schrieb mit Lippenrot auf den ersten, vom Regen ausgewaschenen Grabstein: *Durruti*. Das wiederholte sie von da an, sooft es ging, manchmal auf einem Grab, auf zweien oder allen dreien, und immer mit fester Hand und einem von der Sehnsucht wachgerüttelten Herzen.

An einem Sonntag Ende September erlebte sie die erste Beerdigung auf dem Hügel. Drei Wochen später, an einem Nachmittag eisiger Winde, wurde eine frischverheiratete junge Frau im Nachbargrab bestattet. Am Ende des Jahres waren sieben Parzellen belegt, aber der flüchtige Winter ging vorüber, ohne María dos Prazeres zuzusetzen. Sie fühlte keinerlei Beschwerden, und während die Hitze zunahm und der tosende Lärm des Lebens durch die offenen Fenster hereinkam, fühlte sie sich zunehmend dazu aufgelegt, die Rätsel ihrer Träume zu überleben. Dem Grafen von Cardona, der die Monate größter Hitze in den Bergen verbrachte, erschien

sie bei seiner Rückkehr noch attraktiver als in ihrer erstaunlichen Jugend als Fünfzigjährige.
Nach mehreren gescheiterten Versuchen erreichte María dos Prazeres, daß Noi ihr Grab auf dem ausgedehnten Hügel gleicher Gräber von den anderen unterscheiden konnte. Dann bemühte sie sich, ihm beizubringen, vor dem leeren Grab zu weinen, damit er es auch nach ihrem Tod aus Gewohnheit weitertäte. Sie ging mehrmals mit ihm zu Fuß von ihrem Haus bis zum Friedhof, zeigte ihm Orientierungspunkte, damit er sich die Route des Ramblas-Busses einprägte, bis sie ihn für geübt genug hielt, um ihn allein loszuschicken.
Am Sonntag der letzten Probe nahm sie ihm um drei Uhr nachmittags das Frühlingscape ab, teils weil der Sommer nahte, teils damit er weniger auffiel, und ließ ihn frei laufen. Sie sah, wie er sich auf dem schattigen Gehsteig entfernte, in einem leichten Trott, das schmale und traurige Hinterteil unter dem aufgeregten Schwanz, und konnte kaum das Bedürfnis zu weinen unterdrücken, um sich und um ihn, um so viele und so bittere Jahre gemeinsamer Illusionen, bis sie ihn an der Ecke zur Calle Mayor Richtung Meer abbiegen sah. Fünfzehn Minuten später stieg sie auf der nahen Plaza Lesseps in den Ramblas-Bus und versuchte Noi vom Fenster aus zu sehen, ohne gesehen zu werden, und sah ihn tatsächlich, fern und ernsthaft zwischen den Scharen sonntäglicher Kinder, wie er auf das Umspringen der Fußgängerampel am Paseo de Gràcia wartete.
»Mein Gott«, seufzte sie. »Wie allein er wirkt.«
Sie mußte fast zwei Stunden unter der brutalen Sonne von Montjuich auf ihn warten. Sie grüßte mehrere Trauernde von anderen, weniger erinnerungswürdigen Sonntagen, obwohl sie diese Menschen schon kaum mehr erkannte, da seit der ersten Begegnung so viel Zeit vergangen war, daß sie keine Trauerkleidung mehr trugen, auch nicht weinten und

die Blumen auf die Gräber legten, ohne an ihre Toten zu denken. Wenig später, als alle gegangen waren, hörte sie ein dumpfes Tuten, das die Möwen aufscheuchte, und sah auf dem unermeßlichen Meer einen weißen Überseedampfer mit der brasilianischen Flagge, und sie wünschte von ganzer Seele, daß er ihr einen Brief brächte, von einem, der für sie im Gefängnis von Pernambuco gestorben war. Kurz nach fünf, zwölf Minuten vor der Zeit, tauchte Noi auf dem Hügel auf, sabbernd vor Erschöpfung und Hitze, aber mit dem Gehabe eines auftrumpfenden Kindes. In diesem Augenblick überwand María dos Prazeres die schreckliche Angst, niemanden zu haben, der an ihrem Grab weinen würde.

Im folgenden Herbst dann begann sie unheilvolle Zeichen wahrzunehmen. Sie vermochte sie zwar nicht zu entschlüsseln, aber das Herz wurde ihr noch schwerer. Sie trank wieder unter den goldenen Akazien der Plaza del Reloj ihren Kaffee, trug dabei den Fuchsschwanzkragen und den mit künstlichen Blumen geschmückten Hut, der, da so altertümlich, wieder in Mode gekommen war. Sie wurde immer hellhöriger. Sie versuchte, sich die eigene Unruhe zu erklären, grübelte dabei über den Klatsch der Vogelverkäuferinnen auf den Ramblas, das Flüstern der Männer an den Bücherständen, die zum ersten Mal seit vielen Jahren nicht über Fußball sprachen, das tiefe Schweigen der Kriegsversehrten, die den Tauben Brotkrümel zuwarfen, und allenthalben fand sie untrügliche Zeichen des Todes. Zu Weihnachten wurden die bunten Lichtchen zwischen den Akazien entzündet, Musik und Jubel drang von den Balkonen, und Scharen von Touristen, denen unser Schicksal fremd war, fielen in die Cafés im Freien ein, doch selbst inmitten des festlichen Trubels war die gleiche unterdrückte Spannung zu spüren, die den Zeiten vorausging, da die Anarchisten die Straßen erobert hatten. María dos Prazeres, die jene Zeit großer Leidenschaften gelebt hatte, gelang es nicht, ihre Unruhe zu be-

herrschen und zum ersten Mal überfiel sie mitten im Schlaf die Angst und weckte sie auf. Eines Nachts schossen Agenten der Staatssicherheit vor ihrem Fenster einen Studenten nieder, der mit dickem Pinsel auf die Mauer geschrieben hatte: *Visca Catalunya lliure*.
»Du lieber Gott«, sagte sie sich verwundert, »es ist, als ob mit mir alles stürbe!«
Nur als Kind hatte sie in Manaos eine ähnliche angstvolle Unruhe gekannt, eine Minute vor Tagesanbruch, wenn die zahlreichen Geräusche der Nacht plötzlich ausblieben, das Wasser stillstand, die Zeit zögerte, und der amazonische Urwald in ein abgrundtiefes Schweigen tauchte, das nur dem des Todes gleichen konnte. Inmitten dieser unerträglichen Spannung kam wie immer am letzten Freitag des Monats der Graf von Cardona zum Essen zu ihr.
Der Besuch hatte sich in ein Ritual verwandelt. Der Graf kam pünktlich zwischen sieben und neun Uhr abends mit einer Flasche einheimischen Champagners, die, damit sie nicht so auffiel, in die Abendzeitung eingewickelt war, und einer Schachtel Trüffelpralinen. María dos Prazeres bereitete für ihn gratinierte Canneloni und ein zartes Hühnchen im eigenen Saft zu, Leibspeisen der vornehmen Katalanen aus seiner guten alten Zeit, dazu eine Schüssel mit gemischten Früchten der Saison. Während sie in der Küche hantierte, hörte der Graf auf dem Grammophon Ausschnitte italienischer Opern in historischen Aufnahmen und trank mit langsamen Schlückchen ein Gläschen Portwein, mit dem er bis zum Ende der Platten auskam.
Nach dem langen und angenehm verplauderten Abendessen gaben sie sich einer auswendig gelernten Liebe hin, die in beiden Spuren des Scheiterns hinterließ. Bevor er ging, immer getrieben von der heranrückenden Mitternacht, legte der Graf fünfundzwanzig Pesetas unter den Aschenbecher im Schlafzimmer. Das war der Preis von María dos Prazeres,

als er sie in einem Stundenhotel des Paralelo kennengelernt hatte, und das einzige, was nicht vom Rost der Zeit angegriffen worden war.

Keiner der beiden hatte sich je gefragt, worauf diese Freundschaft sich gründete. María dos Prazeres war ihm wegen ein paar einfacher Gefälligkeiten verpflichtet. Er gab ihr gute Ratschläge bei der Anlage ihrer Ersparnisse, hatte ihr beigebracht, den wahren Wert ihrer Reliquien einzuschätzen, und wie man sich verhalten mußte, damit nicht herauskam, daß es sich um Diebesgut handelte. Vor allem aber war er es gewesen, der ihr den Weg zu einem anständigen Alter im Viertel Gràcia gewiesen hatte, als man ihr in ihrem lebenslangen Bordell erklärte, sie sei zu abgenützt für den modernen Geschmack, und sie in ein Haus für heimliche Ruheständlerinnen abschieben wollte, wo den Jungs für fünf Pesetas die Liebe beigebracht wurde. Sie hatte dem Grafen erzählt, daß sie als Vierzehnjährige von ihrer Mutter am Hafen von Manaos verkauft worden war, daß der Erste Offizier eines türkischen Schiffes sie während der Atlantiküberfahrt ohne Erbarmen genossen und sie dann ohne Geld, ohne Sprache und ohne Namen im Lichtersumpf des Paralelo ausgesetzt hatte. Beide waren sich bewußt, so wenig gemeinsam zu haben, daß sie sich nie einsamer fühlten, als wenn sie zusammen waren, aber keiner von beiden hatte gewagt, den Zauber der Gewohnheit zu verletzen. Sie brauchten eine nationale Erschütterung, um beide gleichzeitig zu merken, wie sehr und mit wieviel Zärtlichkeit sie sich so viele Jahre lang gehaßt hatten.

Es war eine schnelle Reaktion. Der Graf von Cardona hörte gerade das Liebesduett aus La Bohème, gesungen von Licia Albanese und Beniamino Gigli, als ihn ein zufälliger Schwall von Rundfunknachrichten, die María dos Prazeres in der Küche hörte, erreichte. Er kam auf Zehenspitzen näher und hörte mit. General Francisco Franco, ewiger Diktator Spa-

niens, hatte persönlich die Verantwortung auf sich genommen, über das Schicksal von drei baskischen Separatisten zu entscheiden, die soeben zum Tode verurteilt worden waren. Der Graf stieß einen Seufzer der Erleichterung aus.
»Dann werden sie unweigerlich erschossen«, sagte er, »denn der Caudillo ist ein gerechter Mann.«
María dos Prazeres richtete die glühenden Augen einer Königskobra auf ihn und sah seine leidenschaftslosen Pupillen hinter der goldenen Brille, die Raubtierzähne, die Klauen einer Kreatur, die an Moder und Dunkelheit gewohnt ist. So, wie er war.
»Dann flehe zu Gott, daß das nicht geschieht«, sagte sie, »denn wenn auch nur ein einziger erschossen wird, tue ich dir Gift in die Suppe.«
Der Graf erschrak.
»Und warum das?«
»Weil ich auch eine gerechte Hure bin.«
Der Graf von Cardona kam niemals wieder, und María dos Prazeres hatte nun die Gewißheit, daß sich der letzte Kreis ihres Lebens geschlossen hatte. Bis vor kurzem hatte es sie in der Tat empört, wenn man ihr im Bus einen Sitzplatz anbot, wenn man ihr half, die Straße zu überqueren, sie beim Treppensteigen am Arm nahm, aber schließlich hatte sie das alles nicht nur zugelassen, sondern es sich sogar wie eine hassenswerte Notwendigkeit gewünscht. Dann ließ sie einen Anarchistengrabstein anfertigen, ohne Namen oder Daten, und schlief nun ohne vorgeschobenen Türriegel, damit Noi mit der Nachricht herauskonnte, falls sie im Schlaf sterben sollte.
Eines Sonntags, als sie vom Friedhof zurückkommend ihr Haus betrat, traf sie auf dem Treppenabsatz das kleine Mädchen, das gegenüber von ihr wohnte. Sie begleitete das Kind mehrere Straßen, redete im unschuldsvollen Ton einer Großmutter mit ihr über alles und jedes, während sie zusah,

wie das Mädchen und Noi wie zwei alte Freunde tobten. An der Plaza del Diamante lud sie es, wie vorgesehen, zu einem Eis ein.

»Magst du Hunde?« fragte sie.

»Schrecklich gern«, sagte das Mädchen.

Da machte ihr María dos Prazeres den Vorschlag, den sie seit langem vorbereitet hatte.

»Falls mir einmal etwas zustoßen sollte, nimm Noi zu dir«, sagte sie. »Die einzige Bedingung ist, daß du ihn sonntags frei laufen läßt, ohne dich weiter um ihn zu kümmern. Er weiß schon, was er tut.«

Das Mädchen war glücklich. María dos Prazeres kam ihrerseits voller Jubel in ihre Wohnung, hatte sie doch einen Traum verwirklicht, der seit Jahren in ihrem Herzen gereift war. Doch dieser Traum erfüllte sich nicht, und zwar nicht wegen der Müdigkeit des Alters noch wegen der Saumseligkeit des Todes. Es war nicht einmal ihre eigene Entscheidung. Das Leben traf sie an einem eisigen Novembernachmittag. Ein plötzliches Gewitter brach herein, als sie gerade den Friedhof verließ. Sie hatte die Namen auf die drei Grabsteine geschrieben und ging zu Fuß zur Bushaltestelle hinunter, als sie von den ersten Regenböen völlig durchnäßt wurde. Sie hatte kaum Zeit, sich in die Toreinfahrt eines verlassenen Viertels zu retten, das wie zu einer anderen Stadt gehörig wirkte, mit zerfallenen Lagerhallen und staubigen Fabriken und riesigen Lastzügen, die das Grollen des Gewitters noch fürchterlicher machten. Während sie das patschnasse Hündchen an ihrem Körper zu wärmen suchte, sah María dos Prazeres die überfüllten Busse vorbeifahren, die leeren Taxis mit ausgeschaltetem Zeichen, aber niemand achtete auf ihr Winken einer Schiffbrüchigen. Auf einmal, als sogar schon ein Wunder unmöglich schien, fuhr ein prächtiger Wagen in der Farbe eines stählernen Sonnenuntergangs fast geräuschlos durch die überflutete Straße, hielt plötzlich

an der Ecke und setzte bis dahin zurück, wo sie stand. Die Fenster senkten sich durch einen magischen Wink, und der Fahrer bot sich an, María dos Prazeres mitzunehmen.
»Ich habe einen sehr weiten Weg«, sagte sie ehrlich. »Aber Sie würden mir einen großen Gefallen tun, wenn Sie mich ein Stückchen näher heranführen.«
»Sagen Sie mir, wohin Sie möchten«, beharrte er.
»Nach Gràcia«, sagte sie.
Die Tür öffnete sich ohne Berührung.
»Das ist meine Richtung«, sagte er. »Steigen Sie ein.«
Im Inneren, das nach gekühlter Medizin roch, verwandelte sich der Regen in ein unwirkliches Mißgeschick, die Stadt wechselte die Farbe, und María fühlte sich in einer fremden und glücklichen Welt, in der alles im vorhinein geregelt war. Mit einer Leichtigkeit, die etwas Magisches hatte, bahnte sich der Fahrer seinen Weg durch das Verkehrsgewirr. María dos Prazeres war eingeschüchtert, weil nicht nur sie selbst, sondern auch der kleine Hund, der auf ihrem Schoß schlief, so erbärmlich wirkte.
»Das hier ist ein Überseedampfer«, sagte sie, weil sie spürte, daß sie etwas Würdevolles sagen mußte. »Ich habe noch nie etwas Ähnliches gesehen, nicht einmal im Traum.«
»Er hat eigentlich nur einen Fehler, und zwar den, daß er nicht mir gehört«, sagte er in einem schwerfälligen Katalanisch und fügte nach einer Pause auf spanisch hinzu: »Der Lohn meines ganzen Lebens würde nicht ausreichen, ihn zu kaufen.«
»Das kann ich mir vorstellen«, seufzte sie.
Sie schaute ihn von der Seite an, grünerleuchtet vom Widerschein des Armaturenbretts, und sah, daß er noch fast ein Jüngling war, mit gelocktem, kurzem Haar und einem römischen Bronzeprofil. Sie dachte, daß er nicht schön sei, aber einen andersartigen Zauber habe und ihm die abgetragene Jacke aus billigem Leder sehr gut stehe, daß seine Mutter

glücklich sein müsse, wenn sie ihn nach Hause kommen hörte. Nur seine Bauernhände verrieten, daß er wirklich nicht der Besitzer des Wagens war. Sie redeten auf der ganzen Strecke nicht mehr, aber auch María dos Prazeres fühlte sich mehrmals von der Seite her betrachtet, und es schmerzte sie einmal mehr, in ihrem Alter noch am Leben zu sein. Sie fühlte sich häßlich und bemitleidet, mit dem Küchentuch, das sie sich, als es zu regnen begann, irgendwie um den Kopf geschlungen hatte, und dem erbärmlichen Herbstmantel, den zu ersetzen ihr nicht eingefallen war, weil sie an den Tod gedacht hatte.

Als sie im Viertel von Gràcia ankamen, klarte es auf, es war Nacht, und die Straßenlaternen brannten. María dos Prazeres sagte zu ihrem Fahrer, er solle sie an einer Ecke in der Nähe absetzen, aber er bestand darauf, sie bis zur Haustür zu bringen, und tat nicht nur das, sondern parkte auf dem Gehsteig, damit sie, ohne naß zu werden, aussteigen konnte. Sie ließ das Hündchen los, versuchte mit so viel Würde, wie ihr Körper erlaubte, herauszuklettern und sah, als sie sich umwandte, um sich zu bedanken, einen Männerblick, der ihr den Atem verschlug. Sie hielt ihm einen Augenblick stand, ohne recht zu wissen, wer was erwartete und von wem, und dann fragte er mit entschlossener Stimme:

»Soll ich hochkommen?«

María dos Prazeres fühlte sich gedemütigt.

»Ich danke Ihnen sehr für die Gefälligkeit, mich herzufahren«, sagte sie, »aber ich gestatte Ihnen nicht, mich zu verhöhnen.«

»Ich habe keinen Grund, irgend jemanden zu verhöhnen«, sagte er mit ernster Entschiedenheit auf spanisch. »Und erst recht nicht eine Frau wie Sie.«

María dos Prazeres hatte viele Männer wie ihn kennengelernt, hatte viel verwegenere als ihn vor dem Selbstmord bewahrt, aber noch nie in ihrem langen Leben hatte sie so viel

Angst davor gehabt, sich zu entscheiden. Sie hörte ihn noch einmal fragen, und nichts in seiner Stimme deutete auf einen Sinneswandel:

»Soll ich hochkommen?«

Sie entfernte sich, ohne die Türe zu schließen, und antwortete auf spanisch, um sicherzugehen, verstanden zu werden.

»Machen Sie, was Sie wollen.«

Sie ging in den vom schräg hereinfallenden Schein der Straße kaum beleuchteten Hausflur und stieg mit zittrigen Knien den ersten Abschnitt der Treppe hoch, erstickt von einer Angst, die sie nur im Augenblick des Todes für möglich gehalten hätte. Als sie vor der Tür im Hochparterre stehenblieb, bebend vor Aufregung, die Schlüssel in der Tasche zu finden, hörte sie, wie zweimal nacheinander die Tür bei dem Wagen auf der Straße schlug. Noi, der sie überholt hatte, versuchte zu bellen. »Sei still«, befahl sie ihm mit einem Flüstern der Agonie. Sogleich hörte sie die ersten Schritte auf den losen Stufen der Treppe und fürchtete, ihr Herz werde zerspringen. Im Bruchteil einer Sekunde durchforschte sie noch einmal den ganzen hellseherischen Traum, der ihr Leben drei Jahre lang verändert hatte, und begriff den Fehler in ihrer Deutung.

»Du lieber Gott«, sagte sie sich staunend. »Es war also nicht der Tod!«

Sie fand endlich das Schlüsselloch, hörte in der Dunkelheit die gezählten Schritte, hörte den anschwellenden Atem von jemandem, der sich so verängstigt wie sie in der Dunkelheit näherte, und begriff, daß es die Mühe gelohnt hatte, so viele, viele Jahre zu warten und so viel in der Dunkelheit gelitten zu haben, und wäre es nur gewesen, um diesen Augenblick zu leben.

Mai 1979

Siebzehn vergiftete Engländer

Als erstes bemerkte Frau Prudencia Linero bei der Ankunft im Hafen von Neapel, daß er genauso roch wie der Hafen von Riohacha. Natürlich erzählte sie es keinem, denn auf dem greisen Überseedampfer, vollgeladen mit Italienern aus Buenos Aires, die zum ersten Mal nach dem Krieg in die Heimat zurückkehrten, hätte sie keiner verstanden, dennoch fühlte sie sich mit ihren zweiundsiebzig Jahren und nach achtzehn Tagen schlechten Wetters auf See nun weniger allein, weniger ängstlich und fern von ihren Leuten und ihrem Zuhause.
Seit dem Morgengrauen hatte man die Lichter von Land gesehen. Die Passagiere waren früher als sonst aufgestanden, trugen frische Kleidung, und die Ungewißheiten der Ankunft machten ihnen das Herz schwer, so daß dieser letzte Sonntag an Bord der einzig richtige der ganzen Reise zu sein schien. Frau Prudencia Linero war eine der wenigen, die zur Messe gingen. Anders als an den vorangegangenen Tagen, als sie in Halbtrauer gekleidet auf dem Schiff herumgelaufen war, hatte sie, um von Bord zu gehen, eine braune Kutte aus rohem Leinen angezogen, gegürtet mit der Kordel des heiligen Franz, und ein paar Sandalen aus derbem Leder, die, nur weil sie so neu waren, nicht wie Pilgerschuhe aussahen. Das war eine Vorauszahlung: Sie hatte Gott gelobt, dieses Habit bis zum Tode zu tragen, wenn er ihr die Gnade gewähre, nach Rom zu reisen und den Heiligen Vater zu sehen. Und sie hielt diese Gnade für schon bewilligt. Am Ende der Messe zündete sie zum Dank eine Kerze für den Heiligen Geist an, weil er ihr die Kraft gegeben hatte, die Unwetter der Karibik zu überstehen, und sprach ein Gebet für jedes ihrer neun Kinder und vierzehn Enkel, die in jenem Augenblick in einer Windnacht von Riohacha von ihr träumten.

Als sie nach dem Frühstück an Deck kam, hatte sich das Leben auf dem Schiff verändert. Die Gepäckstücke lagen gestapelt im Tanzsaal, dazwischen alle möglichen Touristenmitbringsel, die sich die Italiener auf den magischen Märkten der Antillen gekauft hatten. Auf der Theke der Bar stand ein Käfig aus schmiedeeisernem Filigran mit einem Papagei aus Pernambuco. Es war ein strahlender Morgen Anfang August. Ein Sonntag, beispielhaft für jene Nachkriegssommer, in denen das Licht sich so aufführte, als sei es eine tägliche Offenbarung, und das riesige Schiff bewegte sich ganz langsam, mit dem Keuchen eines Kranken, durch eine leuchtende, stille See. Die finstere Festung der Herzöge von Anjou zeichnete sich erst schwach am Horizont ab, die über die Reling gebeugten Passagiere glaubten jedoch vertraute Plätze wiederzuerkennen, zeigten darauf, ohne sie sicher ausmachen zu können, und schrien vor Jubel in südlichen Dialekten. Frau Prudencia Linero, die sich alte Freunde an Bord geschaffen hatte, die Kinder gehütet hatte, während die Eltern tanzten, und die sogar dem ersten Offizier einen Knopf an die Uniformjacke genäht hatte, erschienen die Menschen plötzlich fremd und anders. Das gesellige Miteinander, die menschliche Wärme, die ihr erlaubt hatten, das erste Heimweh in der Gluthitze der Tropen zu überleben, waren verschwunden. Die ewigen Lieben auf hoher See endeten beim Anblick des Hafens. Frau Prudencia Linero, der die unbeständige Natur der Italiener nicht bekannt war, dachte, das Übel müsse nicht in den Herzen der anderen, sondern in ihrem eigenen liegen, da sie in einer Schar von Rückkehrern die einzige Ankommende war. So sind wohl alle Reisen, dachte sie, und litt zum ersten Mal in ihrem Leben an dem Schmerz, Ausländerin zu sein, während sie von der Reling aus die Reste so vieler untergegangener Welten am Meeresgrund betrachtete. Plötzlich erschreckte sie der Entsetzensschrei eines wunderschönen jungen Mädchens an ihrer Seite.

»*Mamma mia*«, sagte es, auf den Grund deutend. »Seht mal da.«
Es war ein Ertrunkener. Frau Prudencia Linero sah ihn auf dem Rücken zwischen zwei Strömungen schweben, es war ein glatzköpfiger Mann in reifen Jahren, eine wohlgestalte Erscheinung, und seine offenen und fröhlichen Augen hatten genau die Farbe des Himmels bei Tagesanbruch. Er trug einen Frack mit einer Brokatweste, Lackstiefeletten und eine frische Gardenie am Revers. In der rechten Hand hielt er ein würfelförmiges Päckchen, in Geschenkpapier gewickelt, und seine zu bläulichem Eisen erstarrten Finger umklammerten die Schleife des Bandes, den einzigen Halt, den er im Augenblick des Sterbens gefunden hatte.
»Er muß bei einer Hochzeit hinuntergefallen sein«, sagte ein Schiffsoffizier. »Das passiert häufig im Sommer in diesen Gewässern.«
Es war das Bild eines Augenblicks, denn schon fuhren sie in die Bucht ein, und andere weniger düstere Motive lenkten die Aufmerksamkeit der Passagiere ab. Frau Prudencia Linero dachte jedoch weiter an den Ertrunkenen, den armen Kerl, dessen Frackschöße in der Bugwelle des Schiffes wogten.
Kaum war das Schiff in die Bucht eingelaufen, kam ihm ein hinfälliger Schlepper entgegen und zog es zwischen den Wracks zahlreicher im Krieg zerstörter Kreuzer hindurch. Das Wasser verwandelte sich in Öl, während das Schiff sich seinen Weg durch den rostigen Schrott bahnte, und die Hitze war sogar noch ärger als in Riohacha um zwei Uhr mittags. Auf der anderen Seite der Fahrrinne erschien strahlend in der Elf-Uhr-Sonne plötzlich die gesamte Stadt aus Phantasiepalästen und alten bunten, an die Hänge gedrängten Hütten. Von dem aufgewühlten Grund stieg ein unerträglicher Gestank auf, den Frau Prudencia Linero sogleich als den Atem fauliger Krebse im Hof ihres Hauses erkannte.

Während des Anlegemanövers erkannten die Passagiere mit freudigem Geschrei ihre Verwandten im Getümmel am Kai. Die meisten waren herbstliche Matronen mit prächtigen Büsten, schwitzend in ihren Trauerkleidern, mit den schönsten und meisten Kindern der Welt, und kleinen und emsigen Gatten, von der unsterblichen Gattung derer, die nach ihren Frauen die Zeitung lesen und sich auch bei Hitze wie strenge Notare kleiden.

Inmitten dieses Jahrmarkttrubels stand ein sehr alter Mann, eine untröstliche Erscheinung in einem Bettlermantel, und holte aus seinen Taschen immer wieder eine Handvoll zarter Küken. Sofort war der Kai mit ihnen übersät, sie piepsten wie verrückt allenthalben, und einzig und allein weil sie Zaubertierchen waren, rannten viele noch lebendig weiter, nachdem die Menge, ohne auf das Wunder zu achten, über sie hinweggetrampelt war. Der Zauberer hatte einen Hut offen auf den Boden gelegt, aber niemand warf ihm vom Schiff aus auch nur eine barmherzige Münze zu.

Gebannt von dem wundersamen Spektakel, das ihr zu Ehren stattzufinden schien, denn nur sie war dankbar dafür, bemerkte Frau Prudencia Linero nicht, daß irgendwann die Gangway herabgelassen wurde, eine menschliche Woge überschwemmte das Schiff, es war ein Ansturm und ein Geheul wie bei einem Piratenüberfall. Verstört von dem Jubel und dem Gestank nach ranzigen Zwiebeln der vielen Familien in der Sommerhitze, hin und her gestoßen von den Trägertrupps, die mit Fäusten um das Gepäck kämpften, fühlte sie sich von dem gleichen ruhmlosen Tod wie die Küken am Kai bedroht. Sie setzte sich dann auf ihre Holztruhe mit den verstärkten Ecken aus bemaltem Blech und blieb dort unbeirrt sitzen, schuf einen Bannkreis von Gebeten gegen die Versuchungen und Gefahren in heidnischem Land. So fand sie der Erste Offizier, als das Erd-

beben vorüber und niemand außer ihr im geschleiften Salon zurückgeblieben war.
»Keiner darf sich jetzt hier noch aufhalten«, sagte der Offizier einigermaßen freundlich zu ihr. »Kann ich Ihnen irgendwie weiterhelfen?«
»Ich muß auf den Konsul warten«, sagte sie.
So war es. Zwei Tage vor Auslaufen des Schiffes hatte ihr ältester Sohn an den Konsul in Neapel, einen Freund, telegraphiert und ihn darum gebeten, sie am Hafen abzuholen und ihr bei den Formalitäten für die Weiterreise nach Rom zu helfen. Ihr Sohn hatte den Namen des Schiffes und die Ankunftszeit durchgegeben und darauf hingewiesen, daß sie an dem Franziskanerhabit zu erkennen sei, das sie für die Ankunft anlegen werde. Sie hielt sich so strikt an ihre Vorschriften, daß der Erste Offizier ihr erlaubte, noch eine Weile zu warten, obwohl es Mittagessenszeit für die Mannschaft war, man die Stühle auf die Tische gestellt hatte und die Decks eimerweise mit Wasser saubergespült wurden. Mehrere Male mußte die Truhe weggerückt werden, damit sie nicht naß wurde, aber Frau Prudencia Linero wechselte den Platz, ohne sich aus der Fassung bringen zu lassen, ohne ihre Gebete zu unterbrechen, bis man sie aus den Aufenthaltsräumen herausholte und sie schließlich in der prallen Sonne zwischen den Rettungsbooten saß. Kurz vor zwei fand der Erste Offizier sie dort, in ihrem Büßergewand fast im Schweiß ertrinkend. Sie betete ohne Hoffnung einen Rosenkranz, denn sie war verschreckt und traurig und konnte kaum den Drang zu weinen bezähmen.
»Es ist sinnlos weiterzubeten«, sagte der Offizier, nicht mehr so freundlich wie beim ersten Mal. »Sogar Gott geht im August auf Urlaub.«
Er erklärte ihr, halb Italien sei zu dieser Zeit am Strand, vor allem sonntags. Zwar sei es wahrscheinlich, daß der Konsul wegen seiner amtlichen Aufgaben nicht in Urlaub sei, aber

er öffne sein Büro sicherlich erst wieder am Montag. Das einzig Vernünftige sei, in ein Hotel zu gehen, sich eine Nacht in aller Ruhe zu erholen und am nächsten Tag beim Konsulat anzurufen; die Nummer stünde zweifellos im Telefonbuch. Frau Prudencia Linero mußte sich also mit diesem Urteil abfinden, und der Offizier half ihr bei den Einreise- und Zollformalitäten sowie beim Geldwechsel und setzte sie in ein Taxi mit dem bedenklichen Hinweis, man solle sie in ein anständiges Hotel bringen.

Das hinfällige Taxi, das an einen Leichenwagen erinnerte, fuhr rumpelnd durch die verlassenen Straßen. Frau Prudencia Linero dachte einen Moment, der Fahrer und sie seien die einzigen Lebenden in einer Stadt von Gespenstern, die an Drähten mitten über der Straße hingen, sie dachte aber auch, daß ein so viel und so leidenschaftlich redender Mann nicht Zeit haben konnte, einer armen einsamen Frau ein Leid zuzufügen, die, um den Papst zu sehen, die Gefahren des Ozeans herausgefordert hatte.

Am Ende des Straßenlabyrinths war das Meer wieder zu sehen. Das Taxi rumpelte weiter, an einem glühendheißen und einsamen Strand entlang, wo zahlreiche kleine grellbunte Hotels standen. Aber es hielt bei keinem, sondern fuhr direkt auf das unansehnlichste Gebäude zu, das in einer öffentlichen Grünfläche mit großen Palmen und grünen Bänken lag. Der Fahrer stellte die Truhe auf den schattigen Bürgersteig und versicherte der zweifelnden Frau Prudencia Linero, dies sei das anständigste Hotel von Neapel.

Ein schöner und freundlicher Gepäckträger wuchtete sich die Truhe auf die Schulter und nahm sich der Frau an. Er führte sie bis zu dem Aufzug aus Metallgeflecht, der behelfsmäßig in den Treppenschacht gebaut worden war, und begann mit voller Stimme und beunruhigender Entschlossenheit eine Arie von Puccini zu schmettern. Es war ein altertümliches Gebäude mit neun renovierten Stockwerken, und in jedem befand sich eine Pension. Frau Prudencia Linero hatte plötzlich das Gefühl zu halluzinieren, als sie in einem Hühnerkäfig, umgeben von einer Treppe aus hallendem Marmor, ganz langsam hinauffuhr und die Leute bei ihren tiefsten Zweifeln, in kaputten Unterhosen und beim sauren Aufstoßen in ihren Wohnungen aufstörte. Im dritten Stock hielt der Aufzug mit einem Ruck an, der Träger hörte nun zu singen auf, öffnete die Tür aus zusammenklappbaren Rhomben und wies Frau Prudencia Linero mit einer eleganten Verbeugung darauf hin, daß sie hier zu Hause sei.

Sie sah im Vestibül einen schmalen Jüngling hinter einer Holztheke mit farbigen Glasintarsien, daneben Schattenpflanzen in kupfernen Blumentöpfen. Ihr gefiel es sofort, denn der Angestellte hatte die gleichen Seraphimlocken wie ihr jüngster Enkel. Ihr gefiel der Name des Hotels, der in eine Messingplakette eingraviert war, ihr gefiel der Geruch nach Phenylsäure, ihr gefielen die hängenden Farne, die Stille, die goldenen Lilien auf der Tapete. Sie machte dann einen Schritt aus dem Aufzug, und ihr Herz krampfte sich zusammen. Eine Gruppe englischer Touristen in kurzen Hosen und Strandsandalen döste in einer langen Reihe von Wartesesseln. Es waren siebzehn Männer, und sie saßen symmetrisch aufgereiht da, als seien sie nur ein einziger, der in einer Spiegelgalerie mehrfach erschien. Frau Prudencia Linero erfaßte sie mit einem Blick, ohne sie unterscheiden zu können, und das einzige, was sie beeindruckte, war die lange Reihe rosiger Knie, Schweineteilen gleich, die an den Haken einer Metzgerei hingen. Sie machte keinen weiteren Schritt zur Empfangstheke, sondern wich erschreckt zurück und betrat wieder den Aufzug.

»Fahren wir in ein anderes Stockwerk«, sagte sie.

»Diese Pension ist die einzige mit Speisesaal, *signora*«, sagte der Träger.

»Macht nichts«, sagte sie.

Der Träger machte eine Geste des Einverständnisses und sang bis zur Pension im fünften Stockwerk den noch fehlenden Teil des Liedes. Dort wirkte alles weniger ordentlich und hell. Die Inhaberin war eine frühlingshafte Matrone, die ein schlichtes Spanisch sprach, und niemand hielt in den Sesseln des Vestibüls Siesta. Tatsächlich gab es keinen Speisesaal, doch das Hotel hatte eine Absprache mit einem nahen Eßlokal, das die Gäste zu einem Sonderpreis verpflegte. Also entschied Frau Prudencia Linero, ja, sie bleibe eine Nacht. Die Eloquenz und die Freundlichkeit der Besitzerin überzeugten sie ebenso wie die eigene Erleichterung darüber, daß hier kein Engländer mit rosigen Knien im Vestibül schlief.

Im Schlafzimmer waren die Läden um zwei Uhr mittags geschlossen, und das Dämmerlicht bewahrte die Kühle und Stille eines entlegenen Waldes und war gut zum Weinen. Kaum war sie allein, schob Frau Prudencia Linero die zwei Riegel vor und urinierte zum ersten Mal seit dem Morgen, ein schwacher und mühsamer Strahl, der sie ihre während der Reise verlorene Identität zurückgewinnen ließ. Dann zog sie die Sandalen aus und nahm die Kordel der Kutte ab und legte sich mit der Herzseite auf das Ehebett, das zu breit und zu einsam für ihre Einsamkeit war, und ließ die andere Quelle ihrer zurückgehaltenen Tränen fließen.

Es war nicht nur das erste Mal, daß sie Riohacha verlassen hatte, sondern auch einer der seltenen Fälle, daß sie das Haus verlassen hatte, seitdem ihre Kinder geheiratet hatten und ausgezogen waren und sie allein mit zwei barfüßigen Indias zurückgeblieben war, um den seelenlosen Körper ihres Mannes zu versorgen. Ihr halbes Leben verging in dem Schlafzimmer, mit dem Blick auf das, was von dem einzigen Mann übriggeblieben war, den sie geliebt hatte und der auf dem Bett ihrer jungen Liebe auf einer Matratze aus Ziegenfellen fast dreißig Jahre dahindämmerte.

Im letzten Oktober hatte der Kranke in einem plötzlichen

Anfall von Geistesgegenwart die Augen geöffnet, die Seinen erkannt und darum gebeten, einen Fotografen zu holen. Man holte den Alten aus dem Park mit seinem riesigen Apparat mit schwarzem Balg und Tuch und der Magnesiumplatte für die Innenaufnahmen. Der Kranke selbst leitete die Aufnahmen. »Eine für Prudencia, für die Liebe und das Glück, das sie mir im Leben geschenkt hat«, sagte er. Das Foto wurde mit dem ersten Magnesiumblitz aufgenommen. »Jetzt zwei weitere für meine angebeteten Töchter, Prudencita und Natalia«, sage er. Sie wurden aufgenommen. »Zwei weitere für meine Söhne, mustergültig in der Familie wegen ihrer Zärtlichkeit und ihrer Vernunft«, sagte er. Und so ging es weiter, bis das Papier und das Magnesium aufgebraucht waren und der Fotograf heimgehen mußte, um sich neu einzudecken. Um vier Uhr nachmittags, als man im Schlafzimmer schon keine Luft mehr bekam wegen des Magnesiumqualms und des Trubels der Verwandten, Freunde und Bekannten, die herbeikamen, um sich ihre Abzüge des Bildes zu holen, schied der Invalide im Bett dahin und winkte allen noch einmal, als entschwinde er an der Reling eines Schiffes aus der Welt.

Sein Tod brachte der Witwe nicht die Erleichterung, die alle erwartet hatten. Im Gegenteil, sie blieb so verstört zurück, daß ihre Kinder zusammenkamen, um herauszufinden, wie man sie trösten könne. Sie sagte ihnen, sie wolle nichts anderes, als nach Rom zu fahren, um den Papst kennenzulernen. »Ich gehe allein und im Franziskanerhabit«, teilte sie ihnen mit. »Es ist ein Gelöbnis.«

Das einzig Angenehme, was ihr aus jenen Jahren der Krankenwache blieb, war die Lust am Weinen. Auf dem Schiff, wo sie die Kabine mit zwei Klarissinnen teilte, die in Marseille ausstiegen, hatte sie, um unbeobachtet weinen zu können, länger im Badezimmer bleiben müssen. Daher war das Hotelzimmer in Neapel seit ihrer Abfahrt von Riohacha der erste zum Weinen geeignete Ort, den sie fand. Und sie hätte bis zum nächsten Tag, bis zur Abfahrt ihres Zuges nach Rom geweint, hätte die Wirtin nicht um sieben geklopft, um sie darauf hinzuweisen, daß sie, wenn sie nicht rechtzeitig in das Gasthaus ginge, nichts mehr zu essen bekäme.

Der Hotelangestellte begleitete sie. Eine frische Brise wehte jetzt vom Meer, und unter der blassen Sieben-Uhr-Sonne hielten sich noch einige Badegäste am Strand auf. Frau Prudencia Linero folgte dem Angestellten durch die unwegsamen, steilen und engen Sträßchen, die gerade erst aus dem sonntäglichen Mittagsschlaf erwachten, und fand sich auf einmal unter einer schattigen Pergola wieder, wo Eßtische mit rotweißgewürfelten Tischtüchern standen, darauf statt Vasen Einmachgläser voller Papierblumen. Die einzigen Gäste zu dieser frühen Stunde waren die Angestellten selbst und ein armer Priester, der abseits in einer Ecke Zwiebeln mit Brot aß. Beim Hereinkommen spürte sie die Blicke aller auf ihrer braunen Kutte, aber da ihr bewußt war, daß zur Buße die Lächerlichkeit gehörte, ließ sie sich davon nicht stören. Die Kellnerin dagegen weckte in ihr einen Funken Mitleid, denn sie war blond und schön und sprach, als sänge sie, und Frau Prudencia Linero dachte, es müsse den Leuten in Italien nach dem Krieg schon sehr schlechtgehen, wenn ein Mädchen wie dieses in einem Gasthaus bedienen mußte. Doch sie fühlte sich, umgeben von der blühenden Laube, wohl, und der Duft von Lorbeerfleisch aus der Küche weckte ihren Hunger, der ihr bei dem Kummer des Tages vergangen war. Zum ersten Mal seit langer Zeit hatte sie keine Lust zu weinen.

Dennoch konnte sie das Essen nicht genießen. Teils weil es ihr Mühe machte, sich mit der blonden Kellnerin zu verständigen, obwohl die nett und geduldig war, und teils weil es als einziges Fleisch Singvögel zu essen gab, wie sie in den Häusern Riohachas in Käfigen aufgezogen wurden. Der Priester, der in der Ecke aß und schließlich als Dolmetscher einsprang, versuchte ihr klarzumachen, daß die Not des Krieges in Europa noch nicht vorbei sei, man müsse es also als Wunder ansehen, daß es wenigstens Vögel des Waldes zu essen gäbe. Sie aber wies sie zurück.

»Das wäre für mich, als ob ich ein eigenes Kind äße«, sagte sie.

Also mußte sie sich mit einer Nudelsuppe, einem Teller gekochtem Kürbis mit ranzigen Speckstreifen und einem Stück Brot, hart wie Marmor, begnügen. Während sie aß, kam der Priester zu ihr, flehte sie um der Barmherzigkeit willen an, ihn zu einer Tasse Kaffee einzuladen, und setzte sich zu ihr. Er war Jugoslawe, hatte aber in Bolivien missioniert und sprach ein schwerfälliges, aber ausdrucksstarkes Spanisch. Auf Frau Prudencia Linero wirkte er gewöhnlich, ohne eine Spur von Läuterung, sie bemerkte, daß er würdelose Hände mit gesprungenen, schmutzigen Fingernägeln hatte, und sein Zwiebelatem war so durchdringend, daß er fast schon wie ein Charaktermerkmal wirkte. Aber, wie auch immer, er war in Gottes Dienst, und es war auch neu und angenehm, jemanden zu treffen, mit dem man sich so fern von zu Hause verständigen konnte.

Sie unterhielten sich in aller Ruhe, unberührt von den dumpfen Stallgeräuschen, die sie nach und nach einkreisten, während die anderen Tische von Gästen besetzt wurden. Frau Prudencia Linero hatte schon ein abschließendes Urteil über Italien: Es gefiel ihr nicht. Nicht so sehr, weil die Männer etwas dreist waren, was schlimm genug war, auch nicht, weil hier Vögel gegessen wurden, was schon zu viel war, sondern wegen der herzlosen Art, Ertrunkene einfach im Wasser treiben zu lassen.

Der Priester, der sich nach dem Kaffee auf ihre Rechnung ein Glas Grappa hatte bringen lassen, versuchte ihr die Leichtfertigkeit ihres Urteils klarzumachen. Während des Krieges war nämlich ein äußerst effizienter Dienst eingerichtet worden, um die zahlreichen in der Bucht von Neapel auftauchenden Wasserleichen zu bergen, zu identifizieren und in geweihter Erde zu bestatten.

»Über Jahrhunderte«, schloß der Priester, »haben die Italiener gelernt, daß es nur ein Leben gibt, und sie versuchen es, so gut sie können, zu leben. Das hat sie berechnend und wankelmütig gemacht, sie aber auch von der Grausamkeit geheilt.«

»Sie haben ja nicht einmal das Schiff angehalten«, sagte sie.

»Sie benachrichtigen über Funk die Hafenbehörde«, sagte der Priester. »Zu dieser Stunde ist er bereits geborgen und in Gottes Namen beerdigt.«

Die Diskussion hatte ihrer beider Stimmung verändert. Frau Prudencia Linero hatte fertig gegessen, und erst jetzt merkte sie, daß alle Tische besetzt waren. An den Nachbartischen aßen schweigend fast nackte Touristen, darunter einige verliebte Pärchen, die sich küßten, statt zu essen. An den Tischen hinten nahe der Theke saßen die Leute aus dem Viertel, würfelten und tranken einen farblosen Wein. Frau Prudencia Linero begriff, daß sie nur einen Grund hatte, in diesem unerquicklichen Land zu sein.

»Glauben Sie, daß es sehr schwierig ist, den Papst zu sehen?« fragte sie.

Der Priester antwortete, nichts sei im Sommer leichter als das. Der Papst mache Urlaub in Castelgandolfo und empfange jeden Mittwochnachmittag Pilger aus aller Welt in öffentlicher Audienz. Der Eintritt sei gar nicht teuer: zwanzig Lire.

»Und wieviel verlangt er, wenn er einem die Beichte abnimmt?« fragte sie.

»Der Heilige Vater nimmt niemandem die Beichte ab«, sagte der Priester etwas entrüstet, »ausgenommen Königen natürlich.«

»Ich sehe nicht ein, warum er einer armen Frau, die von so

weit her kommt, diesen Gefallen abschlagen sollte«, sagte sie.
»Selbst einige Könige haben, obwohl sie Könige waren, bis zu ihrem Tod darauf gewartet«, sagte der Priester. »Aber gestatten Sie: Das muß ja eine ungeheuerliche Sünde sein, daß Sie sich allein auf eine solche Reise begeben haben, um sie dem Heiligen Vater zu beichten.«
Frau Prudencia Linero dachte einen Augenblick darüber nach, und dann sah der Priester sie zum ersten Mal lächeln.
»Heilige Maria Mutter Gottes!« sagte sie. »Ihn zu sehen, wäre mir schon genug.« Und fügte mit einem Seufzer aus tiefster Seele hinzu: »Das ist der Traum meines Lebens gewesen.«
Tatsächlich war sie immer noch verschüchtert und traurig und wollte einzig und allein sofort weg, nicht nur von diesem Ort, sondern aus Italien. Der Priester dachte wohl, bei dieser Irren gäbe es nichts mehr zu holen, wünschte ihr also viel Glück und ging an einen anderen Tisch, wo er darum bat, ihm aus Barmherzigkeit einen Kaffee zu spendieren.
Als Frau Prudencia Linero das Gasthaus verließ, fand sie eine verwandelte Stadt vor. Das Sonnenlicht um neun Uhr abends überraschte sie, und die gellende Menge, die, von einer neuen Brise aufgemuntert, in die Straßen eingefallen war, machte ihr angst. Man konnte es im Geknatter so vieler wild gewordener Vespas kaum aushalten. Die wurden von Männern mit nacktem Oberkörper gefahren, umarmt von ihren schönen Frauen auf dem Rücksitz, und sie bahnten sich schlängelnd und bockend ihren Weg durch herabhängende Schweine und Melonenstände.
Es herrschte Volksfeststimmung, für Frau Prudencia Linero war es jedoch eine Katastrophenstimmung. Sie verlor die Richtung. Plötzlich befand sie sich zur Unzeit in einer Straße mit schweigsamen Frauen, die in den Türen ihrer sich gleichenden Häuser saßen. Die dort rot blinkenden Lichter

jagten ihr einen Angstschauder durch den Leib. Ein gut gekleideter Mann mit einem Ring aus massivem Gold und einem Diamanten in der Krawatte verfolgte sie mehrere Straßen lang, sprach auf italienisch, dann auf englisch und französisch auf sie ein. Da er keine Antwort bekam, zeigte er ihr eine Postkarte von einem Päckchen, das er aus der Tasche zog, und ein einziger Blick genügte ihr, um zu spüren, daß sie durch die Hölle ging.

Sie floh in Panik, stieß am Ende der Straße wieder auf das dämmrige Meer und diesen Gestank nach faulen Muscheln wie im Hafen von Riohacha, und da kam ihr Herz wieder in Tritt. Sie erkannte die buntgestrichenen Hotels am leeren Strand, die Trauertaxen, den Diamant des ersten Sterns am unermeßlichen Himmel. Am Ende der Bucht, einsam am Kai, erkannte sie das Schiff, auf dem sie gekommen war, riesig und mit erleuchteten Decks, und sie begriff, daß es schon nichts mehr mit ihrem Leben zu tun hatte. Dort bog sie nach links ab, konnte aber wegen einer Menge Neugieriger, die von einer Patrouille der Carabinieri in Schach gehalten wurde, nicht weitergehen. Eine Schlange von Rettungswagen wartete mit offenen Türen vor dem Gebäude ihrer Pension.

Frau Prudencia Linero, die höher stand, konnte über die Schultern der Neugierigen hinweg die englischen Touristen sehen. Man trug sie auf Bahren heraus, einen nach dem anderen, und alle waren reglos und würdevoll und sahen immer noch wie ein mehrfach wiederholter einziger aus in der förmlichen Kleidung, die sie für das Abendessen angelegt hatten, Flanellhose, schräggestreifte Krawatte und eine dunkle Jacke mit dem aufgestickten Wappen des Trinity College auf der Brusttasche. Die aus den Balkonen gebeugten Anwohner und die auf der Straße aufgehaltenen Neugierigen zählten sie wie in einem Stadion im Chor, während sie herausgetragen wurden. Es waren siebzehn. Man legte sie zu zweit in die Rettungswagen und fuhr sie mit heulenden Kriegssirenen fort.

Betäubt von so viel Erstaunlichem, stieg Frau Prudencia Linero in den Aufzug, in dem sich Gäste der anderen Pensionen drängten, die in unverständlichen Sprachen redeten. Sie stiegen in den einzelnen Stockwerken aus, außer im dritten, das offen und erleuchtet dalag, es war jedoch niemand am Empfang oder in den Sesseln des Vestibüls, wo Frau Prudencia Linero die rosigen Knie der siebzehn schlafenden Engländer gesehen hatte. Die Pensionsinhaberin im fünften Stock kommentierte außer sich vor Erregung die Katastrophe.

»Alle sind tot«, sagte sie auf spanisch zu Frau Prudencia Linero. »Sie haben sich beim Abendessen an der Austernsuppe vergiftet. Austern im August, das müssen Sie sich mal vorstellen!«

Sie übergab Frau Prudencia Linero die Zimmerschlüssel, ohne weiter auf sie zu achten, während sie in ihrem Dialekt zu den anderen Gästen sagte: »Da es bei uns keinen Speisesaal gibt, wacht auch jeder, der sich hier schlafen legt, lebendig wieder auf.« Frau Prudencia Linero, wieder mit einem Tränenkloß im Hals, schob die Riegel in ihrem Zimmer vor. Dann rückte sie den kleinen Schreibtisch und den Sessel vor die Tür und zuletzt die Truhe als unbezwingbare Barrikade gegen das Grauen eines Landes, in dem so viele Dinge gleichzeitig passierten. Danach zog sie ihr Witwennachthemd an, legte sich ins Bett, auf den Rücken, und betete siebzehn Rosenkränze für die ewige Seelenruhe der siebzehn vergifteten Engländer.

April 1980

Tramontana

Ich habe ihn ein einziges Mal im *Boccacio*, Barcelonas Modecabaret, gesehen, wenige Stunden vor seinem schlimmen Tod. Er wurde von einer Clique junger Schweden bedrängt, die ihn um zwei Uhr morgens zum Weiterfeiern nach Cadaqués abschleppen wollten. Es waren elf junge Leute, nicht leicht zu unterscheiden, denn Frauen und Männer sahen gleich aus: schön, schmalhüftig und mit langen Goldmähnen. Er dürfte nicht älter als zwanzig gewesen sein. Sein Kopf war voller blauschimmernder Locken, er hatte die glatte und olivfarbene Haut der Kariben, die von ihren Mamas daran gewöhnt werden, im Schatten zu gehen, und einen arabischen Blick, wie gemacht, um den Schwedinnen und vielleicht auch einigen der Schweden den Kopf zu verdrehen. Sie hatten ihn auf den Tresen gesetzt, wie die Puppe eines Bauchredners, und sangen ihm Schlager vor, die sie mit Händeklatschen begleiteten, um ihn zum Mitkommen zu überreden. Verschreckt erklärte er ihnen seine Gründe. Jemand mischte sich lautstark ein und forderte, den Jungen in Ruhe zu lassen, worauf einer der Schweden ihm prustend vor Lachen entgegentrat.

»Er gehört uns«, schrie er. »Wir haben ihn im Müll gefunden.«

Ich war kurz zuvor mit einer Gruppe von Freunden hereingekommen, nach dem letzten Konzert, das David Oistrach im Palau de la Musica gegeben hatte, und bekam eine Gänsehaut angesichts der Verständnislosigkeit der Schweden. Denn die Gründe des Jungen waren unantastbar. Er hatte bis zum letzten Sommer in Cadaqués gelebt, wo er dafür bezahlt wurde, in einem beliebten Weinlokal Lieder der Antillen zu singen, bis ihn dann der Tramontana besiegte. Am zweiten Tag gelang es ihm, sich davonzumachen, fest entschlossen, niemals zurückzukehren, ob mit oder ohne Tramontana, da er von der Gewißheit erfüllt war, daß ihn, sollte er je zurückkehren, der Tod erwartete. Es handelte sich um eine karibische Gewißheit, die von einer Bande nordischer Rationalisten nicht verstanden werden konnte, zumal aufgeheizt vom Sommer und von den schweren katalanischen Weinen jener Zeit, die gewalttätige Ideen in die Herzen säten.

Keiner verstand ihn besser als ich. Cadaqués war einer der schönsten Orte an der Costa Brava und auch der am besten erhaltene. Das war zum Teil der Tatsache zu verdanken, daß die enge Zugangsstraße sich am Rande eines bodenlosen Abgrunds entlangwand und man schon ein sorgloses Gemüt haben mußte, um dort mehr als fünfzig Stundenkilometer zu fahren. Die alten Häuser waren weiß und niedrig, im traditionellen Stil der Fischerdörfer am Mittelmeer. Die neuen Häuser waren von bekannten Architekten gebaut worden, die Respekt für die ursprüngliche Harmonie bezeugten. Im Sommer, wenn die Hitze aus den afrikanischen Wüsten von der anderen Straßenseite zu kommen schien, verwandelte sich Cadaqués in ein Höllenbabel, mit Touristen aus ganz Europa, die drei Monate lang den Eingeborenen und den Fremden, die, als das noch möglich war, das Glück gehabt hatten, preisgünstig ein Haus zu kaufen, ihr Paradies streitig machten. Im Frühjahr und im Herbst aber, den Zeiten, wenn Cadaqués am reizvollsten war, dachte jeder voller Furcht an den Tramontana, einen gnadenlos zähen Landwind, der, wie die Eingeborenen und ein paar durch Schaden klug gewordene Schriftsteller glauben, Keime des Wahnsinns in sich trägt.

Vor etwa fünfzehn Jahren gehörte ich zu den regelmäßigen Besuchern des Orts, bis der Tramontana unser Leben durchkreuzte. Ich spürte ihn eines Sonntags zur Siestazeit, noch bevor er da war, mit dem unerklärlichen Vorgefühl, daß etwas geschehen werde. Mir verging die gute Laune, ich fühlte mich grundlos traurig, und ich hatte den Eindruck, daß meine Söhne, die damals noch keine zehn Jahre alt waren, mir mit feindseligen Blicken durch das Haus folgten. Kurz darauf kam der Hausmeister mit einem Werkzeugkasten und Segelleinen, um Türen und Fenstern zu sichern, und ihn wunderte meine Niedergeschlagenheit nicht.

»Das ist der Tramontana«, sagte er mir. »Spätestens in einer Stunde ist er da.«

Er war Seemann gewesen, sehr alt nun, und hatte aus seiner Berufszeit die Öljacke, die Mütze, die Pfeife und die vom Salz der Welt gegerbte Haut zurückbehalten. In seiner freien Zeit spielte er auf der Plaza mit den Veteranen mehrerer verlorener Kriege Petanca und trank mit den Touristen einen Aperitif in den Strandkneipen, denn er hatte die Gabe, sich mit seinem Katalanisch eines Kanoniers in jeglicher Sprache verständlich zu machen. Er rühmte sich, alle Häfen des Planeten, aber keine Stadt im Landesinneren zu kennen. »Nicht einmal Paris in Frankreich, und das will was heißen«, sagte er. Denn er traute keinem Fahrzeug, das nicht seetüchtig war.

In den letzten Jahren war er schlagartig gealtert und nicht wieder auf die Straße gegangen. Er verbrachte die meiste Zeit in seiner Hausmeisterloge, mutterseelenallein, wie er immer gelebt hatte. Er kochte sich sein Essen in einer Blechdose auf einem Spirituskocher, mehr brauchte er auch nicht, um uns alle mit den Delikatessen der gotischen Küche zu erfreuen. Vom Morgengrauen an kümmerte er sich um die Mieter, Stockwerk für Stockwerk, und er war einer der gefälligsten Menschen, die ich je kennengelernt habe, mit der unfreiwilligen Großzügigkeit und der rauhen Zärtlichkeit der Katalanen. Er sprach wenig, aber sein Stil war direkt und treffend. Wenn er nichts mehr zu tun hatte, verbrachte er Stunden damit, Scheine fürs Fußballtoto auszufüllen, die er jedoch nur selten abstempeln ließ.

Während er an jenem Tag, die Katastrophe voraussehend, die Türen und Fenster sicherte, sprach er vom Tramontana, als handele es sich um eine hassenswerte Frau, ohne die es jedoch seinem Leben an Sinn mangeln würde. Es überraschte mich, daß ein Seemann einem Landwind so viel Tribut zollte.

»Der hier ist eben viel älter«, sagte er.

Es hatte den Anschein, daß er das Jahr nicht nach Tagen und Monaten unterteilte, sondern danach, wie oft der Tramontana kam. »Im vergangenen Jahr, etwa drei Tage nach dem zweiten Tramontana, hatte ich eine schwere Kolik«, sagte er mir einmal. Vielleicht erklärte das seinen Glauben, daß man nach jedem Tramontana um mehrere Jahre altert. Die Obsession des Hausmeisters war so stark, daß er in uns den Wunsch weckte, den Wind als einen tödlichen und anziehenden Besucher kennenzulernen.

Wir mußten nicht lange warten. Kaum war der Hausmeister gegangen, hörte man ein Pfeifen, das nach und nach schärfer und stärker wurde und in ein Erdbebengetöse überging. Dann kam der Wind. Erst in einzelnen Böen, die aber immer häufiger wurden, bis eine unverändert anhielt, ohne Pause, ohne Linderung, mit einer Intensität und einer Gewalttätigkeit, die etwas Übernatürliches hatten. Unsere Wohnung lag, anders als in der Karibik üblich, zum Berg hin, was vielleicht auf eine seltsame Vorliebe der alten katalanischen Familien zurückzuführen ist, die das Meer lieben, ohne es sehen zu wollen. Also kam der Wind von vorn und drohte die Vertäuungen der Fenster zu sprengen.

Besonders aber fiel mir auf, daß das Wetter weiterhin von einer unwiederholbaren Schönheit war, die Sonne golden und der Himmel unerschrocken. So beschloß ich, mit den Kindern auf die Straße zu gehen, um zu schauen, wie das Meer aussah. Schließlich und endlich waren sie bei mexikanischen Erdbeben und karibischen Orkanen aufgewachsen, ein Wind mehr oder weniger schien uns kein Grund zur Aufregung. Wir gingen auf Zehenspitzen am Verschlag des Hausmeisters vorbei und sahen ihn starr vor einem Teller Bohnen mit Chorizo sitzen, während er den Wind durch das Fenster betrachtete. Er sah uns nicht hinausgehen.

Es gelang uns vorwärtszukommen, solange wir uns im Windschatten des Hauses hielten, als wir jedoch die ungeschützte Straßenecke erreichten, mußten wir uns an einen Pfosten klammern, um nicht von der Macht des Windes fortgerissen zu werden. Da waren wir, bewunderten das unbewegte, leuchtende Meer inmitten der Katastrophe, bis der Hausmeister kam und uns mit Hilfe einiger Nachbarn barg. Erst jetzt waren wir davon überzeugt, daß es das einzig Vernünftige war, das Haus um keinen Preis zu verlassen, solange es Gott wollte. Und niemand wußte zu diesem Zeitpunkt, wie lange er das wollen würde.

Nach zwei Tagen hatten wir den Eindruck, daß dieser fürchterliche Wind kein meteorologisches Phänomen, sondern ein persönlicher Affront war, der gegen einen selbst, nur gegen einen selbst gerichtet war. Der Hausmeister, um unsere Stimmung besorgt, besuchte uns mehrmals am Tag, brachte uns Früchte der Saison und Plätzchen für die Kinder. Am Dienstag verwöhnte er uns mittags mit dem Meisterstück aus katalanischen Gärten, das er in seiner Kochdose zubereitet hatte: Kaninchen mit Schnecken. Es war ein Fest inmitten des Schreckens.

Der Mittwoch, an dem sich nichts weiter als der Wind ereignete, war der längste Tag meines Lebens. Aber es mußte so etwas wie die Dunkelheit vor dem Morgenrot sein, denn nach Mitternacht wachten wir alle zur gleichen Zeit auf, bedrückt von einer vollkommenen Stille, die nur die des Todes sein konnte. Kein Blatt bewegte sich an den Bäumen zur Bergseite hin. Also gingen wir auf die Straße hinaus, als noch kein Licht im Zimmer des Hausmeisters brannte, und erfreuten uns am Morgenhimmel mit all seinen Sternen und am phosphoreszierenden Meer. Obwohl es noch nicht fünf Uhr war, genossen viele Touristen die Erleichterung am steinigen Strand und begannen nach drei Tagen Buße die Segelboote aufzutakeln.

Beim Hinausgehen hatten wir uns nicht gewundert, daß das Zimmer des Hausmeisters noch dunkel war. Als wir aber zurückkamen, schimmerte die Luft schon wie das Meer, und immer noch lag die Kammer im Dunkeln. Befremdet klopfte ich zweimal, und als niemand antwortete, stieß ich die Tür auf. Ich glaube, die Kinder haben ihn vor mir gesehen und einen Schrei des Entsetzens ausgestoßen. Der alte Hausmeister, die Ehrenzeichen eines hervorragenden Seemanns am Revers seiner Seejacke, hatte sich am mittleren Dachbalken erhängt und schwankte im letzten Hauch des Tramontana.

Noch erholungsbedürftig und mit einem Gefühl vorzeitigen Heimwehs verließen wir das Dorf früher als vorgesehen und unwiderruflich entschlossen, niemals zurückzukehren.

Die Touristen waren wieder auf den Straßen, es gab Musik auf dem Platz der Veteranen, die kaum Schwung genug hatten, die Petancakugeln zu werfen. Durch die staubigen Scheiben der Bar *Marítim* erkannten wir einige überlebende Freunde, die im strahlenden Frühling des Tramontana das Leben neu begannen. Aber das alles gehörte schon der Vergangenheit an.

Daher konnte niemand besser als ich an dem traurigen Morgen im *Boccacio* das Entsetzen eines Menschen verstehen, der sich weigerte, nach Cadaqués zurückzukehren, weil er sicher war, dort zu sterben. Es gab jedoch kein Mittel, die Schweden von ihrem Vorhaben abzubringen, sie entführten den Jungen schließlich gewaltsam mit dem europäischen Anspruch, ihm eine Roßkur gegen seinen afrikanischen Aberglauben zu verpassen. Unter dem Applaus und den Pfiffen der in sich gespaltenen Gästeschar steckten sie den um sich

Schlagenden in einen Kleinlaster voller Betrunkener und machten sich noch zu jener Stunde auf die lange Fahrt nach Cadaqués.

Am nächsten Morgen weckte mich das Telefon. Ich hatte vergessen, die Gardinen nach der Rückkehr von der Feier vorzuziehen, und keine Ahnung, wie spät es war, doch der Raum war vom Glanz des Sommers erfüllt. Die beklommene Stimme am Telefon, die ich nicht gleich erkennen konnte, machte mich endgültig wach.

»Erinnerst du dich an den Jungen, den sie gestern nacht nach Cadaqués mitgenommen haben?«

Ich brauchte nichts weiter hören. Es war nur nicht so gewesen, wie ich es mir vorgestellt hatte, sondern noch viel dramatischer. Der Junge, in Panik über die bevorstehende Rückkehr, nützte eine Unaufmerksamkeit der überdrehten Schweden und stürzte sich, in dem Versuch, einem unausweichlichen Tod zu entrinnen, vom fahrenden Wagen in den Abgrund.

Januar 1982

Der Glückliche Sommer der Frau Forbes

Als wir am Nachmittag nach Hause zurückkehrten, fanden wir uns einer riesigen, mit dem Hals an den Türrahmen genagelten Seeschlange gegenüber, und sie war schwarz und phosphoreszierend und sah mit ihren immer noch lebendigen Augen und den Sägezähnen in den klaffenden Kiefern wie Hexenwerk von Zigeunern aus. Ich war damals knapp neun Jahre alt und empfand angesichts jener Fieberwahnerscheinung einen so heftigen Schrecken, daß mir die Stimme versagte. Mein Bruder aber, der zwei Jahre jünger war als ich, ließ die Preßluftflaschen, die Tauchermasken und die Schwimmflossen fallen und lief mit einem Schrei des Entsetzens davon. Von der gewundenen Steintreppe aus, die vom Anlegesteg über die Klippen zum Haus hinaufkletterte, hörte ihn Frau Forbes und kam keuchend und bleich zu uns herauf, doch schon ein Blick auf das an der Tür gekreuzigte Tier genügte ihr, den Grund unseres Schreckens zu verstehen. Wenn zwei Kinder zusammen sind, so pflegte sie zu sagen, seien beide verantwortlich für das, was jedes für sich tue, so daß sie uns nun beide erst für das Schreien meines Bruders ausschimpfte und dann auch noch für unseren Mangel an Selbstbeherrschung. Sie sprach deutsch und nicht englisch, wie es ihr Hauslehrerinnenvertrag eigentlich vorschrieb, vielleicht, weil sie selber erschrocken war und es nicht zugeben mochte. Doch kaum war sie wieder zu Atem gekommen, da fand sie zu ihrem steinigen Englisch und ihrer pädagogischen Besessenheit zurück.

»Das ist eine *Muraena helena*«, sagte sie zu uns, »und sie heißt so, weil sie für die alten Griechen ein heiliges Tier war.«

Kurz darauf kam Oreste hinter den Kapernsträuchern hervor, der junge Mann aus dem Ort, der uns das Gerätetauchen beibrachte. Er hatte die Maske in die Stirn geschoben und trug eine winzige Badehose sowie einen Ledergürtel mit sechs Messern verschiedener Form und Größe, da er sich die Unterwasserjagd nicht anders vorstellen konnte denn als körperliches Handgemenge mit den Tieren. Er war etwa zwanzig Jahre alt, verbrachte mehr Zeit in den Tiefen des Meeres als auf festem Land und ähnelte mit seinem ständig mit Motorenfett eingeschmierten Körper selber einem Meerestier. Als ich ihn das erste Mal sah, hatte Frau Forbes zu meinen Eltern gesagt, man könne sich keinen schöneren Menschen vorstellen als ihn. Dennoch schützte ihn seine Schönheit nicht vor der Strenge: Auch er mußte, auf italienisch, eine Rüge über sich ergehen lassen, weil er, wenn auch nur um den Kindern einen Schreck einzujagen, die Muräne an die Tür genagelt hatte. Dann befahl ihm Frau Forbes, diese mit dem einem mythischen Wesen schuldigen Respekt wieder abzunehmen, und uns wies sie an, uns fürs Abendessen umzuziehen.

Wir taten es auf der Stelle und bemühten uns, keinen einzigen Fehler zu machen, denn nach zwei Wochen unter Frau Forbes' Regime hatten wir gelernt, daß es nichts Schwierigeres gab als das Leben. Während wir uns im Halbdunkel des Badezimmers duschten, merkte ich, daß mein Bruder immer noch an die Muräne dachte. »Sie hatte Augen wie ein Mensch«, sagte er. Ich fand das auch, aber überzeugte ihn vom Gegenteil, und ehe ich noch fertig geduscht hatte, gelang es mir, das Thema zu wechseln. Doch als ich unter der Dusche hervorkam, bat er mich, bei ihm zu bleiben und ihn zu begleiten.

»Es ist doch noch hell«, sagte ich.

Ich öffnete die Vorhänge. Es war Mitte August, und durch das Fenster sah man die glühende ebene Mondlandschaft bis hinüber zur anderen Seite der Insel und die am Himmel stehende Sonne.

»Das ist es nicht«, sagte mein Bruder. »Ich habe Angst, daß ich Angst habe.«
Als wir zu Tisch kamen, schien er sich jedoch beruhigt zu haben, und er hatte alles mit soviel Sorgfalt gemacht, daß er von Frau Forbes ein Sonderlob bekam und dazu zwei Punkte auf seinem wöchentlichen Betragenskonto. Mir dagegen zog sie zwei von den fünf bereits verdienten wieder ab, weil ich mich im letzten Augenblick zur Eile hatte hinreißen lassen und das Speisezimmer mit beschleunigtem Atem betreten hatte. Jeweils fünfzig Punkte berechtigten uns zu einer doppelten Portion Nachtisch, doch über fünfzehn war noch keiner von uns hinausgelangt. Das war wirklich schade, denn nie wieder haben wir einen köstlicheren Pudding bekommen als den von Frau Forbes.
Ehe wir mit dem Essen begannen, beteten wir im Stehen vor den leeren Tellern. Frau Forbes war nicht katholisch, doch ihr Vertrag bestimmte, daß sie uns sechsmal am Tag beten ließe, und sie hatte unsere Gebete erlernt, um ihn zu erfüllen. Dann setzten wir drei uns, und mein Bruder und ich hielten den Atem an, während sie unser Verhalten bis ins kleinste Detail prüfte; erst als ihr alles einwandfrei schien, läutete sie die Tischglocke. Daraufhin kam Fulvia Flaminea, die Köchin, mit der ewigen Nudelsuppe jenes abscheulichen Sommers herein.
Zu Anfang, als wir mit unseren Eltern noch allein waren, war das Essen ein Fest gewesen. Fulvia Flaminea bediente uns unter lautem Schwatzen reihum mit einem Hang zur Unordnung, der das Herz erfreute, setzte sich dann schließlich zu uns und aß ein wenig von allen Tellern. Doch seit Frau Forbes sich unseres Schicksals angenommen hatte, bediente Fulvia Flaminea uns mit einem so finsteren Schweigen, daß wir die Suppe im Topf kochen hören konnten. Beim Essen drückten wir die Wirbelsäule an die Rückenlehne des Stuhls, kauten zehnmal rechts und zehnmal links,

ohne den Blick von der eisernen und herbstlich matten Frau zu wenden, die auswendig eine Benimmregel rezitierte. Es war wie die Sonntagsmesse, nur ohne den Trost singender Menschen.

An dem Tag, als wir die Muräne an die Tür geheftet fanden, sprach Frau Forbes von den Pflichten, die man dem Vaterland schuldet. Fulvia Flaminea, fast schwebend in der von der Stimme verdünnten Luft, servierte uns nach der Suppe ein über Holzkohle gebratenes schneeweißes Fleisch, das köstlich duftete. Mir, der ich Fisch seit langem allen anderen Speisen auf Erden und im Himmel vorzog, ließ diese Erinnerung an unser Haus in Guacamayal das Herz höher schlagen. Mein Bruder jedoch schob den Teller weg, ohne davon zu kosten.

»Ich mag nicht«, sagte er.

Frau Forbes unterbrach die Lektion.

»Das kannst du doch gar nicht wissen«, unterbrach sie, »du hast ja nicht einmal probiert.«

Sie warf der Köchin einen warnenden Blick zu, doch es war bereits zu spät.

»Die Muräne ist der feinste Fisch der Welt, *figlio mio*«, sagte Fulvia Flaminea. »Probier mal, dann wirst du sehen.«

Frau Forbes blieb ruhig. In ihrer unbarmherzigen Art trug sie uns vor, daß die Muräne im Altertum eine Speise für Könige gewesen sei und die Krieger um ihre Galle gekämpft hätten, weil diese überirdischen Mut verlieh. Dann wiederholte Frau Forbes, wie schon so oft in kurzer Zeit, daß der Sinn für das, was gut schmeckt, keine angeborene Fähigkeit sei, aber auch nicht in einem bestimmten Alter erlernt, sondern einem von klein auf anerzogen werde. So daß es also keinen Grund gebe, den Fisch nicht zu essen. Bei mir, der ich von der Muräne gekostet hatte, ehe ich wußte, worum es sich handelte, blieb für alle Zeit ein Widerspruch zurück: Sie schmeckte exquisit, obschon ein wenig melancholisch, doch

das Bild der an den Türsturz gekreuzigten Schlange war bedrängender als mein Appetit. Mein Bruder gab sich mit dem ersten Bissen die größte Mühe, doch vergebens: Er erbrach sich.
»Geh ins Badezimmer«, sagte Frau Forbes weiterhin ganz ruhig, »wasch dich gründlich und komm zum Essen zurück.«
Ich empfand große Angst um ihn, denn ich wußte, wie schwer es ihm fiel, in der hereinbrechenden Dämmerung durchs ganze Haus zu gehen und all die Zeit, die man brauchte, um sich zu waschen, allein im Bad zu bleiben. Doch er kam sehr bald mit einem anderen, sauberen Hemd zurück, bleich und kaum merklich von einem verborgenen Zittern geschüttelt, und überstand die gestrenge Sauberkeitskontrolle sehr gut. Darauf schnitt Frau Forbes ein Stück Muräne ab und befahl ihm weiterzuessen. Ich schob mir mit großer Mühe einen zweiten Bissen in den Mund. Mein Bruder dagegen nahm noch nicht einmal das Besteck in die Hand.
»Ich esse das nicht«, sagte er.
Seine Entschlossenheit war so offensichtlich, daß Frau Forbes nachgab.
»Gut«, sagte sie, »aber dann kriegst du auch keinen Nachtisch.«
Die Erleichterung meines Bruders flößte mir seinen Mut ein. Ich legte das Besteck überkreuz auf den Teller, so wie es sich Frau Forbes zufolge am Ende der Mahlzeit gehörte, und sagte:
»Ich esse auch keinen Nachtisch.«
»Dann seht ihr auch nicht fern«, antwortete sie.
»Wir sehen auch nicht fern«, sagte ich.
Frau Forbes legte die Serviette auf den Tisch, und wir drei standen zum Beten auf. Dann schickte sie uns ins Schlafzimmer mit der Anweisung, daß wir in der Zeit, die sie zur Be-

endigung ihrer Mahlzeit benötigte, einzuschlafen hätten. Alle unsere Bravheitspunkte wurden gestrichen, und erst, wenn wir wieder zwanzig beisammen hätten, sollten wir aufs neue in den Genuß ihrer Cremekuchen, ihrer Vanilleschnitten, ihrer hervorragenden Pflaumentorten kommen, wie sie uns für den Rest des Lebens nie wieder vorgesetzt wurden.

Früher oder später mußte es zu diesem Bruch kommen. Ein ganzes Jahr lang hatten wir sehnsüchtig auf jenen freien Sommer auf der Insel Pantelaria vor der äußersten Südspitze Siziliens gewartet, und während des ersten Monats, als unsere Eltern noch bei uns waren, war er das tatsächlich auch gewesen. Wie ein Traum ist mir noch immer die sonnige Ebene mit den vulkanischen Felsen in Erinnerung, das ewige Meer, das einschließlich der Steinumfriedung weißgekalkte Haus, durch dessen Fenster in windstillen Nächten die strahlenden Drehlaternen der Leuchttürme Afrikas zu sehen waren. Als ich mit meinem Vater die ruhigen Meeresgründe um die Insel auskundschaftete, hatten wir eine Reihe gelber Torpedos entdeckt, die dort seit dem letzten Krieg lagen, hatten eine fast einen Meter hohe griechische Amphore mit versteinerten Girlanden geborgen, auf deren Grund die Überreste eines unvordenklichen und giftigen Weines ruhten, hatten in einem dampfenden Meeresbecken gebadet, dessen Wasser eine solche Dichte hatte, daß man fast darauf laufen konnte. Doch die größte Offenbarung für uns war Fulvia Flaminea gewesen. Sie schien wie ein glücklicher Bischof und wurde auf ihren Gängen ständig von einer Runde schläfriger Katzen begleitet, die sie beim Gehen behinderten, aber sie sagte, daß sie sie nicht aus Liebe duldete, sondern damit sie keine Ratten fräßen. Abends, wenn unsere Eltern im Fernsehen Erwachsenenprogramme ansahen, nahm uns Fulvia Flaminea mit in ihr weniger als hundert Meter von dem unseren entferntes Haus und brachte uns bei, das arabische Geschnatter, die Gesänge, den Schwall von Wehklagen in den Winden aus Tunesien zu unterscheiden. Sie war mit einem für sie zu jungen Mann verheiratet, der den Sommer über in den Touristenhotels am anderen Ende der Insel arbeitete und nur zum Schlafen nach Hause kam. Oreste wohnte ein wenig weiter entfernt bei seinen Eltern und erschien jeden Abend mit Schnüren von Fischen und Körben voller frisch gefangener Langusten, die er in die Küche hängte, damit Fulvia Flamineas Mann sie anderntags in den Hotels verkaufte. Dann setzte er sich aufs neue die Taucherlampe auf die Stirn und nahm uns mit auf die Jagd nach Bergratten, die so groß waren wie Kaninchen und auf Küchenabfälle lauerten. Zuweilen kehrten wir erst nach Hause zurück, wenn unsere Eltern schon zu Bett gegangen waren, und konnten kaum schlafen, so lautstark stritten sich die Ratten in den Innenhöfen um den Müll. Doch selbst noch diese Störung war ein magischer Bestandteil unseres glücklichen Sommers.

Der Entschluß, eine deutsche Hauslehrerin einzustellen, konnte nur von meinem Vater kommen, der ein Schriftsteller aus der Karibik mit mehr Flausen als Talent war. Geblendet von der Asche europäischer Ruhmestaten, schien er sowohl in seinen Büchern als auch im wirklichen Leben immer übereifrig um Vergebung für seine Herkunft zu heischen und hatte den phantastischen Vorsatz gefaßt, daß bei seinen Söhnen nicht die geringste Spur seiner eigenen Vergangenheit zurückbleiben sollte. Meine Mutter war noch immer die bescheidene Frau, die sie als herumziehende Lehrerin im Hochland von Guajira gewesen war, und nie wäre es ihr in den Sinn gekommen, daß nicht alle Ideen ihres Mannes ein Geschenk der Vorsehung waren. So kam es, daß keiner von beiden sich im Herzen fragen mußte, wie unser Leben mit einem Feldwebel aus Dortmund verlaufen würde, der uns mit Gewalt die abgestandensten Sitten der europäischen Ge-

sellschaft einzutrichtern versuchte, während sie selber mit vierzig Modeschriftstellern an einer fünfwöchigen Kulturkreuzfahrt zu den Inseln der Ägäis teilnahmen.
Frau Forbes traf am letzten Julisamstag auf dem kleinen Linienschiff aus Palermo ein, und auf den ersten Blick war uns klar, daß das Fest zu Ende war. Bei ihrer Ankunft trug sie trotz der südlichen Hitze Militärstiefel und ein Kostüm mit übereinandergeschlagenem Revers; das Haar unter dem Filzhut war wie bei einem Mann geschnitten. Sie roch nach Affenharn. »So riechen alle Europäer, besonders im Sommer«, sagte mein Vater. »Es ist der Geruch der Kultur.« Trotz ihrer kriegerischen Tracht war Frau Forbes jedoch ein abgemagertes Geschöpf, das vielleicht ein gewisses Mitleid bei uns ausgelöst hätte, wären wir älter gewesen oder hätte sie irgendeine Spur von Zärtlichkeit an sich gehabt. Die Welt wurde anders. Die sechs Stunden auf dem Meer, seit Beginn des Sommers eine ständige Übung der Phantasie, verwandelten sich in eine einzige gleichbleibende und oft wiederholte Stunde. Solange wir mit unseren Eltern zusammengewesen waren, konnten wir mit Oreste schwimmen gehen, solange wir wollten, voller Staunen über die Kunstfertigkeit und Kühnheit, mit der er sich ohne andere Waffen als seine Kampfmesser den Kraken in ihrem eigenen trüben Umkreis aus Tinte und Blut stellte. Danach kam er zwar weiterhin um elf in dem kleinen Boot mit dem Außenbordmotor, doch Frau Forbes gestattete ihm nicht, auch nur eine Minute länger bei uns zu bleiben, als der Tauchunterricht unbedingt erforderte. Sie verbot uns, abends zu Fulvia Flaminea nach Hause zu gehen, weil sie das für übertriebene Vertraulichkeit mit dem Dienstpersonal hielt, und die Zeit, in der wir uns vorher auf der Rattenjagd vergnügt hatten, mußten wir jetzt der Shakespeare-Interpretation widmen. Gewöhnt, in den Patios Mangofrüchte zu stehlen und in den glühenden Straßen von Guacamayal Hunde mit Ziegelsteinen totzu-

schlagen, konnten wir uns keine grausamere Qual vorstellen als jenes Prinzenleben.
Sehr bald jedoch bemerkten wir, daß Frau Forbes mit sich selber nicht so streng war wie mit uns, und das war der erste Riß in ihrer Autorität. Anfangs blieb sie am Strand in ihrer Kriegstracht unter dem bunten Sonnenschirm und las Schiller-Balladen, während Oreste uns Tauchunterricht gab, und dann erteilte sie uns bis zum Mittagessen Stunde um Stunde theoretischen Anstandsunterricht.
Eines Tages jedoch bat sie Oreste, sie in dem kleinen Motorboot zu den Touristenläden in den Hotels mitzunehmen, und kehrte in einem einteiligen Badeanzug zurück, der schwarz war und wie Robbenfell glänzte; aber sie ging nie ins Wasser. Während wir schwammen, sonnte sie sich am Strand und trocknete sich den Schweiß mit dem Handtuch ab, ohne auch nur einmal unter die Brause zu gehen, so daß sie nach drei Tagen wie eine gekochte Languste aussah und ihr Kulturgeruch unerträglich geworden war.
In den Nächten fiel all dieser Zwang von ihr ab. Von Anbeginn ihres Regiments an hatten wir das Gefühl, daß im Dunkel des Hauses jemand umherschlich, mit den Armen im Dunklen rudernd, und meinem Bruder kam schließlich die Befürchtung, es könnte sich um den umherirrenden Ertrunkenen handeln, von dem uns Fulvia Flaminea so viel erzählt hatte. Sehr bald entdeckten wir, daß es Frau Forbes war, die nachts jenes wirkliche Leben einer einsamen Frau führte, das sie sich tagsüber untersagt hatte. Eines Morgens überraschten wir sie in ihrem Backfischnachthemd in der Küche, wo sie, den ganzen Körper bis zum Gesicht hinauf bemehlt, ihre vorzüglichen Desserts zubereitete und ein Glas Portwein in einem geistigen Wirrwarr trank, den die andere Frau Forbes für einen Skandal gehalten hätte. Schon damals wußten wir, daß sie nicht in ihr Schlafzimmer ging, wenn wir uns hingelegt hatten, sondern hinunterstieg, um heimlich zu schwim-

men, oder bis spät im Wohnzimmer blieb und im Fernsehen bei abgedrehtem Ton die für Minderjährige verbotenen Filme verfolgte, während sie ganze Torten verzehrte und bis zu einer ganzen Flasche von jenem besonderen Wein trank, den mein Vater so eifersüchtig für denkwürdige Anlässe aufbewahrte. Entgegen ihren eigenen Ermahnungen zu Mäßigung und Anstand stopfte sie sich ruhelos und mit einer Art aufsässiger Leidenschaft voll. Später hörten wir, wie sie in ihrem Zimmer Selbstgespräche führte, hörten, wie sie in ihrem melodischen Deutsch ganze Passagen aus der *Jungfrau von Orleans* deklamierte, hörten sie singen, hörten sie bis zum Morgengrauen schluchzen, und dann erschien sie mit geschwollenen Augen zum Frühstück, von Mal zu Mal düsterer und autoritärer. Weder mein Bruder noch ich waren je wieder so unglücklich wie damals, doch ich war bereit, sie bis zum Ende zu ertragen, denn ich wußte, daß sie sich auf jeden Fall gegen uns durchsetzen würde. Mein Bruder jedoch stellte sich ihr mit dem ganzen Ungestüm seines Charakters entgegen, und der glückliche Sommer wurde für uns zur Hölle. Der Vorfall mit der Muräne war das Äußerste. Noch in derselben Nacht, während wir Frau Forbes in dem schlafenden Haus unablässig herumgeistern hörten, brach bei meinem Bruder mit einem Mal der Groll hervor, der ihn so belastete und seine Seele vergällte.

»Ich bringe sie um«, sagte er.

Ich war überrascht, aber nicht so sehr von seinem Entschluß als von dem Zufall, daß ich seit dem Abendessen das gleiche gedacht hatte. Trotzdem versuchte ich, ihn davon abzubringen.

»Dann wirst du geköpft«, sagte ich.

»Auf Sizilien gibt es keine Guillotine«, sagte er. »Außerdem weiß ja keiner, wer es war.«

Mir fiel die aus dem Wasser geborgene Amphore ein, in der sich noch immer ein Bodensatz tödlichen Weins befand.

Mein Vater hatte ihn aufgehoben, weil er ihn eingehender analysieren lassen wollte, um die Art des Giftes zu bestimmen, denn es konnte ja nicht nur durch das Vergehen der Zeit entstanden sein. Frau Forbes dieses Gift zu verabreichen war dermaßen einfach, daß alle es für einen Unfall oder für Selbstmord halten würden. So schütteten wir also im Morgengrauen, als wir meinten, daß sie, erschöpft von ihrer lärmigen Nachtwache, schlief, den Wein aus der Amphore in die Flasche mit dem Spezialwein meines Vaters. Nach allem, was wir gehört hatten, reichte diese Dosis aus, ein Pferd umzubringen.
Pünktlich um neun erschienen wir in der Küche zum Frühstück, das uns Frau Forbes selber auftrug und für das Fulvia Flaminea frühmorgens die süßen Brötchen auf den Herd gelegt hatte. Zwei Tage nach dem Austauschen des Weins machte mich mein Bruder beim Frühstück mit enttäuschtem Blick darauf aufmerksam, daß die vergiftete Flasche immer noch unberührt in der Anrichte stand. Das war an einem Freitag, und während des ganzen Wochenendes blieb die Flasche unberührt. Dienstagnacht jedoch trank Frau Forbes die Hälfte, während sie sich im Fernsehen freizügige Filme ansah.
Dennoch erschien sie am Mittwoch so pünktlich wie immer zum Frühstück. Ihr Gesicht sah wie üblich nach einer schlechten Nacht aus, die Augen hinter den dicken Gläsern waren so unruhig wie je, und sie wurden noch unruhiger, als sie im Brötchenkorb einen Brief mit deutschen Briefmarken fand. Sie las ihn beim Kaffeetrinken, was sich, wie sie uns so oft gesagt hatte, nicht schickte, und während der Lektüre liefen Windstöße über ihr Gesicht, die von den geschriebenen Worten ausgingen und es aufhellten. Dann löste sie die Briefmarken vom Umschlag und legte sie für die Sammlung von Fulvia Flamineas Mann in den Korb zu den restlichen Brötchen. Trotz des bösen Tagesbeginns begleitete sie uns

zu unseren Unterwassererkundungen, und wir schweiften durch ein Meer aus weichen Fluten, bis uns der Sauerstoff in den Flaschen auszugehen begann und wir ohne Anstandsunterricht nach Hause zurückkehrten. Frau Forbes war nicht nur den ganzen Tag über in beschwingter Stimmung, sondern schien beim Abendessen lebendiger denn je. Mein Bruder seinerseits konnte die Enttäuschung nicht ertragen. Sobald wir den Befehl zum Anfangen erhalten hatten, schob er den Teller mit der Nudelsuppe mit einer herausfordernden Bewegung von sich.

»Ich habe die Schnauze gestrichen voll von dieser Würmerplempe«, sagte er.

Es wirkte, als habe er eine Granate auf den Tisch geschleudert. Frau Forbes erbleichte, kniff die Lippen zusammen, bis sich der Rauch der Explosion zu verziehen begann, und ihre Brillengläser wurden trübe von Tränen. Dann nahm sie die Brille ab, rieb sie mit der Serviette trocken und legte sie, ehe sie aufstand, mit der ganzen Bitterkeit einer ruhmlosen Kapitulation auf den Tisch.

»Macht, wozu ihr Lust habt«, sagte sie. »Mich gibt es nicht.«

Ab sieben schloß sie sich in ihr Zimmer ein. Doch vor Mitternacht, als sie uns im Schlaf wähnte, sahen wir sie in ihrem Backfischnachthemd vorbeihuschen und einen halben Schokoladenkuchen sowie die Flasche mit in ihr Schlafzimmer nehmen, in der sich noch vier Finger breit von dem vergifteten Wein befanden. Mich überlief ein Bedauern.

»Die arme Frau Forbes«, sagte ich.

Mein Bruder konnte nicht ruhig atmen. »Die Armen sind wir, wenn sie heute nacht nicht stirbt«, sagte er.

Bei Tagesanbruch sprach sie wieder lange mit sich selber, deklamierte wie inspiriert von einem wilden Wahnsinn lauthals Schiller und steigerte sich zu einem abschließenden Schrei, der das ganze Haus erfüllte. Dann seufzte sie viele Male aus dem Grunde der Seele, und ihre Stimme erstarb mit

dem traurigen und unausgesetzten Klageton eines treibenden Schiffes. Als wir noch erschöpft von der Spannung der Nachtwache die Augen aufschlugen, durchbohrte die Sonne die Jalousien, doch das Haus war wie in einem Teich versunken. Dann wurde uns klar, daß es etwa zehn Uhr sein mußte und wir nicht von Frau Forbes' morgendlicher Geschäftigkeit geweckt worden waren. Wir hatten um acht nicht die Wasserspülung gehört, auch nicht den Hahn am Waschbecken, das Geräusch der Jalousien, die Eisenbeschläge der Stiefel und die drei todsicheren Sklaventreiberschläge, die sie der Tür mit der flachen Hand versetzte. Mein Bruder preßte das Ohr an die Wand, hielt den Atem an, um nicht das geringste Lebenszeichen im Nebenzimmer zu überhören, und stieß endlich einen Seufzer der Erleichterung aus.
»Geschafft!« sagte er. »Man hört nur noch das Meer.«
Kurz vor elf machten wir uns Frühstück, dann gingen wir mit zwei Preßluftflaschen für jeden und zwei Ersatzflaschen zum Strand hinunter, bevor Fulvia Flaminea mit ihrer Katzenschar kam, um das Haus zu putzen. Oreste befand sich schon am Landesteg und nahm eine soeben gefangene sechspfündige Goldbrasse aus. Wir erzählten ihm, daß wir bis elf auf Frau Forbes gewartet und, da sie immer noch schlief, beschlossen hätten, allein ans Meer hinunterzugehen. Wir berichteten ihm auch, daß sie am Vorabend bei Tisch einen Weinanfall gehabt und vielleicht schlecht geschlafen habe und nun lieber im Bett bleibe. Oreste interessierte dieser Bericht nicht so, wie wir es erwartet hatten, und nur wenig mehr als eine Stunde lang marodierte er mit uns unter Wasser. Dann schickte er uns zum Mittagessen hinauf und fuhr mit dem Motorboot davon, um die Goldbrasse in den Touristenhotels zu verkaufen. Um ihn in dem Glauben zu wiegen, daß wir gleich nach oben gingen, winkten wir ihm zum Abschied von der Steintreppe aus nach, bis er hinter der Kehre der Steilküste verschwunden war. Dann schnallten wir uns

die vollen Preßluftflaschen um und schwammen ohne irgend jemandes Erlaubnis weiter.
Es war ein wolkiger Tag, am Horizont grollte dunkler Donner, doch das Meer war glatt und durchsichtig und begnügte sich mit seinem eigenen Licht. Wir schwammen an der Wasseroberfläche bis zur Linie des Leuchtfeuers von Pantelaria, bogen dann für einige hundert Meter nach rechts ab und tauchten an der Stelle, wo wir nach unserer Berechnung zu Anfang des Sommers die Torpedos gesehen hatten. Da waren sie: sechs an der Zahl, sonnengelb gestrichen und mit intakten Seriennummern, und sie lagen in einer so vollkommenen Ordnung auf dem vulkanischen Grund, daß es nicht nach einem Zufall aussah. Dann umkreisten wir den Leuchtturm auf der Suche nach der versunkenen Stadt, von der uns Fulvia Flaminea so viel und so voller Staunen erzählt hatte, aber wir fanden sie nicht. Überzeugt, daß es keine weiteren Geheimnisse zu entdecken gab, kehrten wir nach zwei Stunden mit dem letzten Sauerstoffrest an die Oberfläche zurück.
Während wir getaucht hatten, war ein Sommergewitter niedergegangen, das Meer war aufgewühlt, und eine große Zahl von Raubvögeln kreiste mit wildem Gekreisch über den an den Strand gespülten sterbenden Fischen. Doch das Nachmittagslicht schien wie eben erschaffen, und das Leben war schön ohne Frau Forbes. Als wir uns jedoch die Treppe an der Steilküste hinaufschleppten, bemerkten wir im Haus viele Leute und vor der Tür zwei Polizeiwagen, und in diesem Augenblick kam uns zum ersten Mal zu Bewußtsein, was wir getan hatten. Mein Bruder begann zu zittern und versuchte umzukehren.
»Ich gehe nicht rein«, sagte er.
Ich dagegen hatte den wirren Einfall, daß wir nur einen Blick auf den Leichnam werfen müßten, um über jeden Verdacht erhaben zu sein.

»Nur ganz ruhig«, sagte ich. »Atme tief und denk nur eins: Wir wissen von nichts.«

Keiner nahm von uns Notiz. Wir ließen die Preßluftflaschen, die Masken und Flossen im Vorraum und betraten die Seitengalerie, wo neben einer Armeebahre zwei Männer rauchend auf dem Boden saßen. Dann merkten wir, daß vor der Hintertür ein Krankenwagen und einige mit Gewehren bewaffnete Soldaten standen. Im Wohnzimmer waren Stühle entlang der Wand aufgestellt worden, auf denen die Frauen aus der Nachbarschaft saßen und in ihrem Dialekt beteten, indes ihre Männer im Innenhof beisammen standen und über irgend etwas redeten, das nichts mit dem Todesfall zu tun hatte. Ich drückte die harte und eisige Hand meines Bruders noch fester, und wir betraten das Haus durch die Hintertür. Unser Schlafzimmer stand offen und befand sich in dem gleichen Zustand, in dem wir es am Vormittag verlassen hatten. In dem von Frau Forbes, das daneben lag, war ein bewaffneter Carabiniere postiert und bewachte den Eingang, doch die Tür stand offen. Bedrückt steckten wir die Köpfe hinein, doch im gleichen Augenblick kam auch schon Fulvia Flaminea wie ein Windstoß aus der Küche herbeigefegt und schloß die Tür mit einem Schreckensruf:

»Um Gottes willen, *figlioli*, seht sie euch bloß nicht an!«

Doch es war bereits zu spät. Für den Rest unseres Lebens sollten wir nicht mehr vergessen, was wir in jenem flüchtigen Augenblick gesehen hatten. Zwei Männer in Zivil maßen mit einem Metermaß die Entfernung vom Bett zur Wand, ein anderer fotografierte mit einem Apparat mit schwarzem Tuch, wie es die Fotografen im Park haben. Frau Forbes lag nicht in dem zerwühlten Bett. Sie lag auf der Erde, nackt halb auf der Seite in einer Lache getrockneten Blutes, die den Boden des gesamten Raumes gefärbt hatte, und ihr Körper war von Messerstichen durchsiebt. Es waren siebenundzwanzig tödliche Verletzungen, und an der Zahl und der

Grausamkeit war zu erkennen, daß sie ihr mit der Wut einer ruhelosen Liebe zugefügt worden waren und daß Frau Forbes sie mit der gleichen Leidenschaft empfangen hatte, ohne auch nur zu schreien, ohne zu weinen, mit ihrer schönen Soldatenstimme Schiller deklamierend und in dem Bewußtsein, daß dies der unvermeidbare Preis für ihren glücklichen Sommer war.

1976

Das Licht ist wie das Wasser

ZU WEIHNACHTEN wünschten sich die Kinder wieder ein Ruderboot.

»Einverstanden«, sagte der Vater, »wir kaufen eins, sobald wir wieder in Cartagena sind.«

Toto, neun Jahre, und Joel, sieben, waren entschlossener, als ihre Eltern glaubten.

»Nein«, sagten sie wie aus einem Mund. »Wir brauchen es jetzt und hier.«

»Zunächst einmal«, sagte die Mutter, »gibt es hier kein schiffbares Wasser als das aus der Dusche.«

Sie wie auch ihr Mann hatten recht. In dem Haus in Cartagena de Indias gab es einen Hof mit einem Steg an der Bucht und einem Liegeplatz für zwei große Yachten. Hier in Madrid hingegen wohnten sie beengt im fünften Stock, Paseo de la Castellana Nummer 47. Aber am Ende konnten es weder er noch sie abschlagen, denn sie hatten den Kindern ein Ruderboot mit Sextant und Kompaß versprochen, falls sie den Lorbeerzweig für das dritte Grundschuljahr gewinnen sollten, und sie hatten ihn gewonnen. Also kaufte der Papa alles, ohne seiner Frau, die weniger bereitwillig Spielschulden beglich, etwas zu sagen. Es war ein prächtiges Aluminiumboot mit einem goldenen Streifen an der Wasserlinie.

»Das Boot liegt in der Garage«, verkündete der Vater beim Mittagessen. »Das Problem ist, daß man es weder mit dem Aufzug noch über die Treppe hochbringen kann, und in der Garage ist auch kein Platz mehr.«

Die Kinder luden jedoch für den nächsten Samstagnachmittag ihre Mitschüler ein, um das Boot die Treppen hochzutragen, und es gelang ihnen, es bis ins Dienstbotenzimmer zu schleppen.

»Gratuliere«, sagte der Vater. »Und was kommt jetzt?«

»Jetzt kommt gar nichts«, sagten die Kinder. »Wir wollten nur das Boot im Zimmer haben, und da ist es jetzt.«
Am Mittwoch abend gingen die Eltern wie jeden Mittwoch ins Kino. Als Herren über Haus und Hof schlossen die Kinder Türen und Fenster und zerschlugen die brennende Glühbirne einer Lampe im Wohnzimmer. Ein Strom goldenen und frischen Lichts begann wie Wasser aus der zersprungenen Birne zu fließen, und sie ließen es laufen, bis es vier Handbreit hoch stand. Dann schalteten sie den Strom ab, holten das Boot und fuhren nach Lust und Laune zwischen den Inseln der Wohnung herum.
Dieses märchenhafte Abenteuer war die Folge einer Unbesonnenheit meinerseits, als ich gerade an einem Seminar über die Poesie der Gegenstände des täglichen Gebrauchs teilnahm. Toto hatte mich gefragt, wie es käme, daß das Licht anginge, wenn man nur auf einen Knopf drückte, und ich hatte nicht den Mut, mir die Antwort zweimal zu überlegen.
»Das Licht ist wie das Wasser«, antwortete ich, »man öffnet den Hahn, und es fließt heraus.«
Also ruderten sie weiterhin Mittwoch abends, lernten den Umgang mit Sextant und Kompaß, bis die Eltern aus dem Kino zurückkamen und sie wie Festlandengelchen schlafend vorfanden. Monate später, begierig auf weitere Erkundungen, wünschten sie sich eine Ausrüstung für das Unterwasserfischen. Und zwar komplett: Tauchermasken, Schwimmflossen, Sauerstoffflaschen und Druckluftharpune.
»Es ist schon schlimm genug, daß ihr im Dienstbotenzimmer ein Ruderboot habt, daß ihr nicht benutzen könnt«, sagte der Vater. »Aber daß ihr jetzt auch noch eine Taucherausrüstung wollt, das geht zu weit.«
»Und wenn wir die goldene Gardenie im ersten Halbjahr gewinnen?« fragte Joel.
»Nein«, sagte die Mutter erschrocken. »Es reicht.«
Der Vater tadelte ihre Unnachgiebigkeit.

»Diese Kinder sind nie die ersten, wenn es darum geht, nur ihre Pflicht zu tun«, sagte sie, »aber für einen Spleen sind sie imstande, sogar das Katheder zu erobern.«

Die Eltern sagten am Ende weder ja noch nein. Aber Toto und Joel, die in den vergangenen zwei Jahren die letzten gewesen waren, gewannen beide im Juli die goldene Gardenie und damit die öffentliche Anerkennung des Rektors. Am Nachmittag fanden sie, ohne noch einmal darum betteln zu müssen, in ihrem Zimmer die Taucherausrüstungen in der Originalverpackung. Also füllten sie am nächsten Mittwoch, während die Eltern *Der letzte Tango* sahen, die Wohnung bis auf eine Höhe von zwei Klaftern und tauchten wie zahme Haie unter die Möbel und Betten und bargen vom Grund des Lichts die Dinge, die sich über die Jahre in der Dunkelheit verloren hatten.

Bei der Abschlußfeier wurden die Brüder als Vorbilder für die Schule gefeiert und bekamen Ehrenurkunden. Diesmal mußten sie um nichts bitten, denn die Eltern fragten von selbst, was sie sich wünschten. Sie waren so vernünftig, nur ein Fest für ihre Klassenkameraden geben zu wollen.

Der Papa strahlte, als er allein mit seiner Frau war.

»Das ist ein Beweis ihrer Reife«, sagte er.

»Dein Wort in Gottes Ohr«, sagte die Mutter.

Am folgenden Mittwoch, während die Eltern in *Die Schlacht von Algier* waren, sahen die Menschen, die durch den Paseo de la Castellana gingen, eine Lichtkaskade, die aus einem alten, zwischen Bäumen versteckten Gebäude fiel. Sie quoll aus den Balkonen, verteilte sich in Sturzbächen über die Fassade und suchte sich ihren Weg bis zur großen Avenue, ein goldener Strom, der die Stadt bis zum Guadarrama erleuchtete.

Die Feuerwehr, die auf einen Notruf gekommen war, brach die Tür des fünften Stocks auf und fand eine bis zur Decke mit Licht überschwemmte Wohnung vor. Das Sofa und die mit Leopardenfell bezogenen Sessel trieben in unterschiedlicher Höhe durchs Wohnzimmer, zwischen den Flaschen aus der Bar und dem Flügel, dessen Maniladecke in mittlerer Höhe wie ein goldener Rochen flatterte. Die Haushaltsgegenstände flogen im Vollgefühl ihrer Poesie mit eigenen Flügeln durch den Himmel der Küche. Die Instrumente der Militärkapelle, die von den Kindern zum Tanzen benützt wurde, trieben zwischen den bunten Fischen herum, die sich aus Mamas Aquarium befreit hatten und als einzige quicklebendig durch das weite erleuchtete Gewässer schwammen. Im Badezimmer trieben die Zahnbürsten der Familie, Papas Kondome, Mamas Cremetuben und ihr Ersatzgebiß, und der Fernseher aus dem großen Zimmer schwebte noch angeschaltet auf der Seite, mit den letzten Szenen des für Kinder verbotenen Mitternachtsfilms.

Am Ende des Flurs, zwischen zwei Strömungen treibend, saß Toto am Heck des Bootes, er hatte die Ruder umklammert, die Tauchermaske aufgesetzt und hielt nach dem Leuchtturm des Hafens Ausschau, solange die Luft der Flaschen reichte, und Joel schwebte am Bug, immer noch den Polarstern mit dem Sextanten suchend, und durchs ganze Haus trieben die siebenunddreißig Klassenkameraden, verewigt in dem Augenblick, da sie in den Geranientopf pinkelten, zur Melodie der Schulhymne Spottverse auf den Rektor sangen oder ein Glas Brandy aus Papas Flasche tranken. Denn sie hatten so viele Lichter gleichzeitig angeschaltet, daß die Wohnung überflutet worden war, und die ganze vierte Klasse der Grundschule San Julián el Hospitalario im fünften Stock des Paseo de la Castellana Nummer 47 ertrunken war. In Madrid, Spanien, einer fernen Stadt mit glühenden Sommern und eisigen Winden, ohne Meer oder Fluß, deren Festland-Ureinwohner niemals Meister in der Kunst des Lichtfahrens gewesen sind.

Dezember 1978

Die Spur deines Blutes im Schnee

Bei Einbruch der Nacht, als sie zur Grenze kamen, merkte Nena Daconte, daß der Finger mit dem Ehering immer noch blutete. Der Zivilgardist mit dem rohwollenen Umhang über seinem Dreispitz aus Glanzleder prüfte im Licht einer Karbidlampe die Pässe und mußte sich große Mühe geben, um vom Wind, der von den Pyrenäen herabwehte, nicht umgeworfen zu werden. Obschon es zwei ordnungsgemäße Diplomatenpässe waren, hob der Gardist die Lampe, um festzustellen, ob die Fotos mit den Gesichtern übereinstimmten. Nena Daconte war fast noch ein Kind; sie hatte die Augen eines glücklichen Vogels und eine Melassehaut, die noch in der düsteren Dämmerung eines Januarabends die Gluthitze der Karibik ausstrahlte, und bis zum Kinn war sie in einen Nerzmantel gehüllt, der mit dem Jahressold der ganzen Grenzgarnison nicht zu bezahlen gewesen wäre. Billy Sánchez de Avila, ihr Ehemann, der den Wagen fuhr, war ein Jahr jünger als sie und fast ebenso schön und trug ein Jackett mit Schottenkaros und eine Pelotamütze. Im Gegensatz zu seiner Frau war er groß und athletisch und hatte die eiserne Kinnlade schüchterner Schläger. Doch was beider Status noch deutlicher machte, war der platinfarbene Wagen mit einem seinem Inneren entströmenden Hauch von lebendem Tier, wie an dieser Armengrenze noch nie einer gesichtet worden war. Die Rücksitze waren mit viel zu neuen Koffern und immer noch ungeöffneten Geschenkpaketen vollgepackt. Außerdem befand sich dort das Tenorsaxophon, das in Nena Dacontes Leben die beherrschende Leidenschaft gewesen war, ehe sie der mißbilligten Liebe zu dem zärtlichen Strandbanditen Platz machte.

Als der Gardist ihnen die gestempelten Pässe zurückreichte, fragte ihn Billy Sánchez, wo sie eine Apotheke fänden, damit er den Finger seiner Frau verbinden könne, und der Gardist schrie ihm gegen den Wind zu, sie sollten in Hendaye auf der französischen Seite danach fragen. Doch die Grenzpolizisten von Hendaye saßen in Hemdsärmeln in einem geheizten und hell erleuchteten gläsernen Wachlokal am Tisch, spielten Karten und aßen Brot, das sie in Schalen mit Wein tunkten, und ein Blick auf die Größe und Klasse des Wagens reichte ihnen aus, um ihn nach Frankreich durchzuwinken. Billy Sánchez hupte mehrmals, doch die Polizisten verstanden nicht, daß sie herbeigerufen werden sollten, und einer von ihnen öffnete das Fenster und überschrie die Wut des Windes:

»Merde! Allez-vous-en!«

Bis zu den Ohren in ihren Mantel gewickelt, stieg Nena Daconte daraufhin aus dem Auto und fragte den Polizisten in perfektem Französisch, wo sich eine Apotheke befinde. Der Polizist antwortete wie gewöhnlich mit dem Mund voller Brot, daß das nicht seine Sache sei, und bei solchem Sturm noch weniger, und machte das Fenster zu. Dann jedoch blieb sein Blick an dem Mädchen hängen, das in seinem schimmernden echten Nerz an dem verletzten Finger lutschte, und in dieser Gespensternacht mußte er es wohl für eine Zaubererscheinung halten, denn im Nu wechselte seine Laune. Er erklärte, die nächste Stadt sei Biarritz, aber mitten im Winter und bei so scheußlichem Sturm gebe es möglicherweise sogar bis Bayonne keine geöffnete Apotheke.

»Ist es was Ernstes?« fragte er.

»Nichts«, lächelte Nena Daconte und zeigte ihm den Finger mit dem Diamantring, an dessen Kuppe die Wunde von der Rose kaum zu erkennen war. »Ich habe mich nur gestochen.«

Vor Bayonne begann es wieder zu schneien. Es war erst sieben Uhr, doch der Sturm war so heftig, daß die Straßen verlassen und die Häuser verschlossen waren, und nachdem sie eine Weile herumgefahren waren, ohne eine Apotheke zu finden, beschlossen sie weiterzufahren. Billy Sánchez war froh über den Entschluß. Er hatte eine unersättliche Leidenschaft für seltene Wagen und einen Papa mit zu vielen Schuldgefühlen und Geld im Überfluß, so daß Billy sie sich leisten konnte, aber nie hatte er ein Auto gefahren, das an dieses Bentley-Cabriolet, welches er als Hochzeitsgeschenk erhalten hatte, herangekommen wäre. So berauscht war er am Lenkrad, daß er sich immer weniger müde fühlte, je länger er fuhr. Er gedachte an diesem Abend noch bis Bordeaux zu kommen, wo die Hochzeitssuite des Hotels Splendid für sie reserviert war, und es gab weder genug Gegenwind noch zu viel Schnee am Himmel, ihn davon abzuhalten. Nena Daconte hingegen war erschöpft, vor allem durch das letzte Stück der Straße von Madrid, das ein hagelgepeitschter kurviger Ziegenpfad gewesen war. Hinter Bayonne also wikkelte sie sich ein Taschentuch um den Ringfinger und zog es fest, um das Blut zu stillen, das weiter floß, und schlief dann tief. Billy Sánchez bemerkte es erst kurz vor Mitternacht, als es aufhörte zu schneien, auch der Wind zwischen den Kiefern sich legte und der Himmel über dem Heideland sich mit eisigen Sternen bestückte. Er war an den verschlafenen Lichtern von Bordeaux vorbeigekommen, hatte aber nur gehalten, um an einer Tankstelle an der Fernstraße nach Paris zu tanken, denn er hatte immer noch Lust, ohne Pause durchzufahren. So glücklich war er mit seinem fünfundzwanzigtausend englische Pfund teuren Spielzeug, daß er sich nicht einmal fragte, ob das strahlende Wesen es gleichfalls wäre, das mit der blutgetränkten Binde um den Ringfinger neben ihm schlief und dessen jugendliche Träume zum ersten Mal von Windstößen der Ungewißheit heimgesucht wurden.

Sie hatten drei Tage vorher geheiratet, zehntausend Kilometer weit entfernt, in Cartagena de Indias, zum Erstaunen seiner Eltern und zur Enttäuschung der ihren und mit dem persönlichen Segen des Primas. Niemand außer ihnen verstand den Grund dieser überraschenden Liebe und kannte ihren Ursprung. Sie hatte drei Monate vor der Hochzeit an einem Strandsonntag begonnen, als Billy Sánchez' Bande über die Frauengarderoben des Strandbads Marbella hergefallen war. Nena Daconte war knapp achtzehn Jahre alt, war gerade aus dem Internat La Châtellenie in Saint-Blaise, Schweiz, zurückgekehrt, sprach vier Sprachen akzentfrei, spielte meisterhaft Tenorsaxophon, und es war ihr erster Strandsonntag nach der Rückkehr. Sie hatte sich gerade völlig entkleidet, um sich den Badeanzug überzuziehen, als in den Nachbarkabinen Entergeschrei und panische Flucht begannen, doch sie begriff nicht, was da geschah, bis der Riegel ihrer Tür splitternd herausbrach und sie vor sich den schönsten Banditen sah, den sie sich vorstellen konnte. Als einziges trug er eine lange schmale Hose aus imitiertem Leopardenfell, und sein Körper war sanft und elastisch und hatte die goldene Farbe der Menschen vom Meer. Über die rechte Faust hatte er wie ein römischer Gladiator eine Eisenkette gerollt, die ihm als tödliche Waffe diente, und um den Hals hing ihm ein Medaillon ohne Heiligenbild, das im Einklang mit seinem erschreckten Herzen lautlos pulste. Sie waren zusammen in der Grundschule gewesen und hatten auf Geburtstagsfeiern gemeinsam manche Piñata zerschlagen, denn beide gehörten zu dem Provinzgeschlecht, das seit den Kolonialzeiten das Schicksal der Stadt nach Gutdünken lenkte, doch hatten sie sich so viele Jahre nicht gesehen, daß sie sich im ersten Moment nicht erkannten. Nena Daconte blieb aufrecht und reglos stehen und tat nichts, um ihre völlige Nacktheit zu verbergen. Billy Sánchez vollführte also sein jungenhaft einfältiges Ritual: Er zog die Leopardenhose herunter und zeigte ihr seinen respektablen aufgerichteten Stecken. Sie sah gerade und ohne Erstaunen hin.

»Ich habe schon welche gesehen, die waren größer und steifer«, sagte sie und bezwang ihre Angst. »Überleg also gut, was du tust, bei mir mußt du noch besser sein als ein Neger.« In Wahrheit war Nena Daconte nicht nur Jungfrau, sondern hatte auch noch nie einen Mann nackt gesehen, aber die Herausforderung tat ihre Wirkung. Die einzige Antwort, die Billy Sánchez einfiel, war, die Faust mit der eingerollten Kette wütend gegen die Wand zu schmettern und sich dabei einige Knochen zu brechen. Sie fuhr ihn in ihrem Wagen zum Krankenhaus, half ihm, die Zeit der Genesung zu überstehen, und schließlich lernten sie gemeinsam, sich auf ordentliche Art zu lieben. Sie verbrachten schwierige Juninachmittage auf der Innenterrasse des Hauses, wo sechs Generationen hochgestellter Persönlichkeiten aus der Familie von Nena Daconte gestorben waren, sie spielte die neuesten Schlager auf dem Tenorsaxophon, und er starrte sie mit der Hand im Gipsverband aus der Hängematte mit anhaltender Benommenheit an. Ihr Haus hatte zahlreiche großflächige Fenster, durch die man auf das Fäulnisbecken der Bucht sah, und war eines der größten und ältesten des La-Manga-Viertels und zweifellos das häßlichste. Jedoch war die schachbrettartig geflieste Terrasse, auf der Nena Daconte Saxophon spielte, eine Oase in der Vier-Uhr-Hitze und öffnete sich auf einen großschattigen Innenhof mit Mangostecken und Guineo-Bananenstauden, unter denen sich ein Grab mit einer namenlose Steinplatte befand, das älter war als das Haus und das Gedächtnis der Familie. Selbst die wenig von Musik verstanden, waren der Meinung, daß der Klang des Saxophons in einem Haus mit dieser Geschichte ein Anachronismus sei. »Das klingt wie ein Dampfer«, hatte Nena Dacontes Großmutter gesagt, als sie es zum ersten Mal hörte. Ihre Mutter hatte sie vergeblich zu bewegen versucht, auf andere Art und Weise zu spielen, und nicht so, wie sie das aus Bequemlichkeit immer tat, den Rock bis zu den

Oberschenkeln gerafft, die Knie gespreizt und mit einer Sinnlichkeit, die nicht zum Wesen der Musik zu gehören schien. »Mir ist es egal, welches Instrument du spielst«, sagte sie dann, »solange du nur die Beine dabei geschlossen hältst.« Doch es waren diese Dampferabschiedsweisen und diese Liebesverbissenheit, die es Nena Daconte erlaubten, die bittere Schale von Billy Sánchez aufzubrechen. Hinter seinem traurigen Ruf als Schlägertyp, nachdrücklich gestützt durch die Vereinigung zweier illustrer Nachnamen, entdeckte sie ein erschrockenes und zärtliches Waisenkind. Sie lernten sich so gut kennen, während seine Handknochen verheilten, daß es ihn selber erstaunte, mit welcher Leichtigkeit sich die Liebe ergab, als sie ihn an einem Regennachmittag, an dem sie allein im Haus waren, zu ihrem Mädchenbett führte. Fast zwei Wochen lang tobten sie unter dem verdutzten Blick der Porträts ziviler Krieger und unersättlicher Großmütter, die ihnen im Paradies jenes historischen Bettes vorangegangen waren. Selbst noch in den Liebespausen blieben sie nackt und behielten die Fenster offen, atmeten die Müllbrise der Schiffe in der Bucht, den Geruch nach Scheiße, lauschten, während das Saxophon schwieg, den Alltagsgeräuschen des Innenhofes, dem eintönigen Quaken der Kröte unter den Guineo-Stauden, dem Wassertropfen auf dem namenlosen Grab, den natürlichen Schritten des Lebens, für die sie vorher keine Zeit gehabt hatten.

Als Nena Dacontes Eltern nach Hause zurückkehrten, waren beide in der Liebe so weit fortgeschritten, daß die Welt sie mit nichts anderem mehr erreichte, und sie liebten sich zu jeder Zeit und an jedem Ort und versuchten dabei die Liebe jedesmal neu zu erfinden. Zu Beginn liebten sie sich, so gut es ging, in den Sportwagen, mit denen Billy Sánchez' Papa seine Schuldgefühle zu beschwichtigen suchte. Als sie es in den Wagen schließlich zu einfach fanden, drangen sie nachts in die verlassenen Strandkabinen von Marbella ein, wo das

Schicksal sie zum ersten Mal zusammengeführt hatte, und während des Novemberkarnevals begaben sie sich gar verkleidet in die Stundenhotels des alten Sklavenviertels Getsemaní unter den Schutz der Luxusnutten, die nur wenige Monate zuvor unter Billy Sánchez und seiner Kettenschlägerbande zu leiden gehabt hatten. Nena Daconte lieferte sich der verstohlenen Liebe mit der gleichen besessenen Hingabe aus, die sie vorher auf das Saxophon verschwendet hatte, so sehr, daß ihr gezähmter Bandit schließlich begriff, was sie ihm hatte sagen wollen, als sie ihm sagte, bei ihr müsse er mindestens genausogut sein wie ein Neger. Billy Sánchez befriedigte sie immer gut und mit gleichbleibender Fröhlichkeit. Nach der Hochzeit erfüllten sie die Pflicht, sich zu lieben, in der Toilette des Flugzeugs, wo sie sich mit Mühe und Not eingeschlossen hatten und eher vor Lachen als vor Lust erstickten, während die Stewardessen über dem Atlantik schliefen. Nur sie selber wußten zu diesem Zeitpunkt, vierundzwanzig Stunden nach der Hochzeit, daß Nena Daconte seit zwei Monaten schwanger war.

Bei ihrer Ankunft in Madrid fühlten sie sich darum ganz und gar nicht wie zwei gesättigte Liebende, waren jedoch zurückhaltend genug, um sich wie zwei unschuldige Jungvermählte aufzuführen. Beider Eltern hatten alles vorbereitet. Vor dem Aussteigen kam ein Protokollbeamter in die Erster-Klasse-Kabine herauf, um Nena Daconte den weißen Nerzmantel mit den leuchtend schwarzen Besätzen zu übergeben, der das Hochzeitsgeschenk ihrer Eltern war. Billy Sánchez überreichte er eine Lammfelljacke, wie sie in jenem Winter Mode war, sowie die Schlüssel ohne Markenzeichen zu einem Wagen, der ihn als Überraschung am Flughafen erwartete.

Die diplomatische Vertretung ihres Heimatlandes begrüßte sie im Empfangssalon. Der Botschafter und seine Gattin waren nicht nur seit eh und je mit beider Familien befreundet, sondern er war auch als Arzt bei der Geburt von Nena Daconte dabeigewesen und empfing sie mit einem Bukett so strahlender und frischer Rosen, daß sogar noch die Tautropfen künstlich wirkten. Sie begrüßte beide mit belustigten Wangenküssen, etwas verlegen wegen ihres etwas übereilten Jungvermähltenstatus, und erhielt dann die Rosen. Dabei stach sie sich an einem Dorn am Stengel in den Finger, ging jedoch über das Mißgeschick mit einer charmanten Ausrede hinweg.

»Ich habe es absichtlich gemacht«, sagte sie, »damit ihr auch meinen Ring anseht.«

Tatsächlich bewunderte die gesamte diplomatische Vertretung die Pracht des Ringes und rechnete sich dabei aus, daß er nicht nur wegen der Güte der Diamanten, sondern auch wegen seines wohlerhaltenen Alters ein Vermögen wert sein mußte. Niemand jedoch bemerkte, daß der Finger zu bluten begann. Aller Aufmerksamkeit wandte sich dem neuen Wagen zu. Der Botschafter hatte den sinnigen Einfall gehabt, ihn zum Flughafen zu bringen und in Cellophanpapier mit einer riesigen goldenen Schleife einpacken zu lassen. Billy Sánchez wußte diesen Einfall nicht zu schätzen. Er war so begierig, den Wagen auszuprobieren, daß er die Verpackung mit einem Ruck wegriß und es ihm den Atem verschlug. Es war ein Bentley-Cabrio aus dem gleichen Jahr mit Polsterbezügen aus echtem Leder. Der Himmel schien ein Umhang aus Asche, aus dem Guadarrama-Gebirge wehte ein schneidender und eisiger Wind, und es war nicht gut, sich im Freien aufzuhalten. Billy Sánchez hatte noch keinen Begriff von der Kälte. Er ließ die ganze diplomatische Vertretung auf dem Parkplatz im Freien warten, ohne zu merken, daß alle aus Höflichkeit froren, bis er den Wagen in all seinen verborgenen Einzelheiten untersucht hatte. Dann setzte sich der Botschafter neben ihn, um ihn zur Residenz zu dirigieren, wo ein Lunch vorgesehen war. Unterwegs zeigte er ihm die Hauptsehenswürdigkeiten der Stadt, doch Billy Sánchez' Aufmerksamkeit schien ganz vom Zauber des Wagens in Anspruch genommen.

Es war das erste Mal, daß er seine Heimat verlassen hatte. Er hatte alle privaten und öffentlichen Oberschulen besucht und dabei immer wieder die gleichen Kurse wiederholt, bis er in einem Zustand gleichgültiger Geistesabwesenheit schwebte. Der erste Anblick einer Stadt, die nicht die seine war, die aschgrauen, mitten am Tag erleuchteten Häuserblocks, die kahlen Bäume, die Ferne des Meeres, all das verstärkte in ihm ein Gefühl der Verlassenheit, das er seinem Herzen fern zu halten suchte. Trotzdem tappte er wenig später, ohne es zu merken, in die erste Falle des Vergessens. Ein plötzliches und lautloses Unwetter war niedergegangen, das erste in dieser Jahreszeit, und als sie nach dem Lunch das Haus des Botschafters verließen, um die Fahrt nach Frankreich anzutreten, fanden sie die Stadt mit glitzerndem Schnee bedeckt. Da vergaß Billy Sánchez den Wagen, im Beisein aller stieß er Jubelrufe aus, warf sich mit der Hand Schnee auf den Kopf und wälzte sich im Mantel mitten auf der Straße.

Daß ihr Finger blutete, bemerkte Nena Daconte zum ersten Mal, als sie an diesem nach dem Unwetter durchscheinend gewordenen Nachmittag Madrid hinter sich ließen. Es überraschte sie, denn sie hatte die Gattin des Botschafters, die nach offiziellen Lunchs gern italienische Opernarien sang, auf dem Saxophon begleitet, und dabei war ihr das kleine Malheur am Ringfinger kaum aufgefallen. Später, als sie ihrem Mann die kürzesten Straßen zur Grenze zeigte, lutschte sie, immer wenn der Finger blutete, unbewußt daran, und erst als sie die Pyrenäen erreichten, kam sie auf den Gedanken, nach einer Apotheke Ausschau zu halten. Dann erlag sie dem während der letzten Tage aufgestauten Schlafbedürfnis, und als sie plötzlich unter dem alptraumhaften Eindruck erwachte, daß der Wagen durch Wasser fuhr, entsann sie sich eine ganze Weile nicht des um den Finger gewickelten Taschentuchs. Auf der Leuchtuhr am Armaturenbrett sah sie, daß es schon nach drei Uhr war, rechnete im Geist nach, und erst jetzt wurde ihr klar, daß sie Bordeaux längst hinter sich hatten und Angoulême und Poitiers ebenfalls und gerade den Deich der Loire überquerten, die vom Hochwasser angeschwollen war. Mondschein sickerte durch den Bodennebel, und die Silhouetten der Schlösser zwischen den Kiefern wirkten wie aus Gespenstergeschichten. Nena Daconte, die die Gegend beinahe auswendig kannte, rechnete sich aus, daß sie etwa drei Stunden von Paris entfernt waren, und unerschrocken harrte Billy Sánchez am Lenkrad aus.

»Du bist ja nicht kleinzukriegen«, sagte sie zu ihm, »jetzt fährst du schon elf Stunden, ohne etwas zu essen.«

Der Rausch des neuen Wagens hielt ihn immer noch in Schwung. Obwohl er im Flugzeug nur wenig und schlecht geschlafen hatte, fühlte er sich munter und stark genug, um bei Tagesanbruch in Paris zu sein.

»Das Essen in der Botschaft hält noch immer vor«, sagte er. Und ohne jede Logik fügte er hinzu: »Schließlich kommen sie in Cartegena jetzt gerade aus dem Kino. Es muß dort so etwa zehn sein.«

Trotzdem fürchtete Nena Daconte, er könne am Lenkrad einschlafen. Sie öffnete einen Karton unter all den Geschenken, die man ihnen in Madrid gemacht hatte, und versuchte, Billy Sánchez ein Stück kandierte Orange in den Mund zu schieben. Er wich jedoch aus.

»Männer essen keine Süßigkeiten«, sagte er.

Kurz vor Orléans verzog sich der Nebel, und ein sehr großer Mond beschien die verschneiten Äcker, aber der Verkehr wurde schwieriger, da riesige Gemüselastwagen und Kesselwagen mit Wein zusammenströmten, die alle nach Paris unterwegs waren. Nena Daconte hätte ihren Mann gern am

Steuer abgelöst, aber sie wagte nicht einmal, es auch nur vorzuschlagen, denn gleich, als sie das allererste Mal miteinander ausgegangen waren, hatte er ihr zu verstehen gegeben, daß es keine größere Demütigung für einen Mann gebe, als sich von seiner Frau chauffieren zu lassen. Nach fast fünf Stunden festen Schlafs fühlte sie sich hellwach, und außerdem war sie zufrieden, daß sie nicht in einem Hotel der französischen Provinz haltgemacht hatten, die sie aus zahlreichen Reisen mit ihren Eltern von klein auf kannte. »Auf der ganzen Welt gibt es keine schönere Landschaft«, sagte sie, »aber man kann verdursten, ohne auf jemanden zu stoßen, der einem kostenlos ein Glas Wasser gibt.« Sie war davon so überzeugt, daß sie sich in letzter Minute ein Stück Seife und eine Rolle Klosettpapier in die Reisetasche gesteckt hatte, da es in französischen Hotels nie Seife gäbe und das Papier in den Toiletten die in kleine Vierecke geschnittenen und an Haken aufgespießten Zeitungen der letzten Woche wären. Das einzige, was sie in diesem Augenblick bedauerte, war, daß sie eine ganze Nacht ohne Liebe vertan hatten. Die Antwort ihres Mannes kam ohne Zögern.

»Ich habe gerade daran gedacht, daß es toll wäre, im Schnee zu bumsen«, sagte er. »Gleich hier, wenn du willst.«

Nena Daconte erwog es ernstlich. Am Straßenrand sah der Schnee im Mondschein weich und warm aus, doch je näher sie den Pariser Vorstädten kamen, um so dichter wurde der Verkehr, die Straßen führten an erleuchteten Fabrikkomplexen vorbei, und zahlreiche Arbeiter waren auf Fahrrädern unterwegs. Nur weil es Winter war, war es noch nicht hellichter Tag.

»Es ist besser, bis Paris zu warten«, sagte Nena Daconte. »Schön mollig und in einem Bett mit sauberen Laken, wie verheiratete Leute.«

»Es ist das erste Mal, daß du mich zurückweist«, sagte er.

»Klar«, sagte sie. »Es ist ja auch das erste Mal, daß wir verheiratet sind.«
Kurz vor Tagesanbruch wuschen sie sich in einem Lokal an der Straße das Gesicht, urinierten und tranken Kaffee und aßen warme Croissants an der Theke, wo Fernfahrer mit Rotwein frühstückten. Auf der Toilette hatte Nena Daconte bemerkt, daß sie auf Bluse und Rock häßliche Blutflecken hatte, machte aber keine Anstalten, sie auszuwaschen. Sie warf das durchtränkte Taschentuch in den Abfalleimer, steckte den Ehering auf die linke Hand und wusch den verletzten Finger gründlich mit Wasser und Seife. Die Stichwunde war fast nicht zu sehen. Kaum waren sie zum Wagen zurückgekehrt, blutete der Finger jedoch von neuem, so daß Nena Daconte den Arm aus dem Fenster hinaushängen ließ, überzeugt, daß die eisige Luft der Äcker das Blut stillen würde. Es war auch das ein vergeblicher Versuch, doch immer noch war sie nicht beunruhigt. »Wenn uns jemand finden will, hat er es sehr leicht«, sagte sie mit ihrem natürlichen Charme. »Er braucht nur der Spur meines Blutes im Schnee zu folgen.« Dann dachte sie näher über das nach, was sie eben gesagt hatte, und im ersten Licht der Morgendämmerung wurde ihr Gesicht rot.
»Stell dir vor«, sagte sie, »von Madrid bis Paris eine Blutspur im Schnee. Findest du nicht, daß das ein schönes Lied wäre?«
Sie hatte keine Zeit, es noch einmal zu denken. In den Pariser Vororten wurde der Finger zu einem uneindämmbaren Blutquell, und sie hatte wirklich das Gefühl, daß ihre Seele durch die Wunde entwiche. Sie hatte versucht, den Blutstrom mit der Rolle Toilettenpapier aus ihrer Reisetasche zum Einhalt zu bringen, doch sie konnte den Finger gar nicht so schnell verbinden, wie sie das blutgetränkte Papier aus dem Fenster werfen mußte. Ihre Kleidung, ihr Mantel, die Sitze des Wagens saugten sich allmählich mit Blut voll,

und zwar auf irreparable Weise. Billy Sánchez wurde ernsthaft besorgt und bestand darauf, eine Apotheke zu suchen, doch ihr war inzwischen klar, daß dies keine Angelegenheit für Apotheker war.
»Wir sind fast an der Porte d'Orléans«, sagte sie. »Fahr weiter geradeaus die Avenue Général Leclerc entlang, die die breiteste ist und die mit den meisten Bäumen, und dann sage ich dir, was du zu tun hast.«
Es war die anstrengendste Strecke der ganzen Fahrt. Auf der Avenue Général Leclerc war ein höllisches Knäuel aus kleinen Autos und Motorrädern, die sich in beide Richtungen stauten, und aus riesigen Lastwagen, die die zentralgelegenen Markthallen ansteuerten. Das vergebliche Lärmen der Hupen machte Billy Sánchez so nervös, daß er mehrere Fahrer in der unflätigen Sprache der Kettengangs anbrüllte und sogar auszusteigen versuchte, um einen zu verprügeln, doch konnte ihn Nena Daconte überzeugen, daß die Franzosen zwar die ungeschliffensten Leute der Welt seien, sich jedoch niemals schlügen. Es war ein weiterer Beweis für ihre Vernunft, denn gleichzeitig mußte sie sich anstrengen, nicht in Ohnmacht zu fallen.
Es dauerte über eine Stunde, um nur über den Platz mit dem Löwen von Belfort zu kommen. Die Cafés und Läden waren erleuchtet, als wäre es Mitternacht, denn es war ein typischer Pariser Januardienstag, bedeckt und schmutzig und mit einem feinen hartnäckigen Regen, der es nicht schaffte, zu Schnee zu werden. Aber die Avenue Denfert-Rochereau war nicht so verstopft, und nach einigen Blocks bedeutete Nena Daconte ihrem Mann, nach rechts abzubiegen, und er parkte vor dem Notaufnahmeeingang eines riesigen und düsteren Krankenhauses.
Sie benötigte Hilfe, um aus dem Wagen herauszukommen, verlor aber weder ihre Gelassenheit noch das Bewußtsein. Bis zum Eintreffen des diensthabenden Arztes legte sie sich

auf die fahrbare Trage und beantwortete der Schwester die Routinefragen zu ihren Personalien und ihrer Krankheitsvorgeschichte. Billy Sánchez hielt ihre Handtasche und drückte ihr die linke Hand, an der sie jetzt den Ehering trug und die sich schlaff und kühl anfühlte. Auch aus ihren Lippen war alle Farbe gewichen. Er blieb an ihrer Seite, bis der diensthabende Arzt erschien, der den verletzten Finger rasch untersuchte. Er war ein sehr junger Mann mit einer Haut wie altes Kupfer und kahlem Kopf. Nena Daconte beachtete ihn nicht, sondern schenkte ihrem Mann ein bleiches Lächeln.

»Hab keine Angst«, sagte sie mit ihrem unbezwinglichen Humor. »Es kann ja höchstens passieren, daß dieser Kannibale mir die Hand abschneidet, um sie aufzufressen.«

Der Arzt beendete die Untersuchung und überraschte sie mit einem höchst korrekten, wiewohl seltsam asiatisch gefärbten Spanisch.

»Nein, Kinder«, sagte er. »Dieser Kannibale verhungert lieber, als daß er eine so schöne Hand abschneidet.«

Sie waren verlegen, doch der Arzt beruhigte sie mit einer freundlichen Handbewegung. Dann ordnete er an, die Trage fortzubringen, und Billy Sánchez, der die Hand seiner Frau hielt, wollte folgen. Der Arzt hielt ihn am Arm zurück.

»Sie nicht«, sagte er. »Sie kommt auf die Intensivstation.«

Nena Daconte lächelte ihren Mann noch einmal an und winkte ihm zum Abschied zu, bis die Trage hinten im Gang verschwand. Der Arzt blieb zurück, während er die Angaben studierte, die die Schwester auf eine kleine Tafel geschrieben hatte.

Billy Sánchez rief ihn zu sich.

»Herr Doktor«, sagte er. »Sie ist schwanger.«

»Seit wann?«

»Seit zwei Monaten.«

Der Arzt maß dieser Mitteilung nicht so viel Bedeutung bei,

wie Billy Sánchez erhofft hatte. »Gut, daß Sie es mir sagen«, meinte er und ging der Trage nach. Billy Sánchez blieb in dem düsteren Raum zurück, in dem es nach dem Schweiß der Kranken roch, er blieb zurück, ohne zu wissen, was er tun sollte, er blickte den leeren Gang hinunter, auf dem Nena Daconte fortgebracht worden war, und dann setzte er sich auf die Holzbank, auf der auch andere Leute warteten. Er wußte nicht, wie lange er dort gesessen hatte, aber als er beschloß, das Krankenhaus zu verlassen, war es wieder Nacht, es nieselte immer noch, und immer noch hatte er keine Ahnung, was er mit sich selber anfangen sollte, bedrückt wie er war vom Gewicht der Welt.

Nena Daconte wurde am Dienstag, dem 7. Januar um 9 Uhr 30 aufgenommen, wie ich Jahre später in der Registratur des Krankenhauses feststellen konnte. In jener ersten Nacht schlief Billy Sánchez in dem vor dem Notaufnahmeeingang abgestellten Wagen, und sehr früh am nächsten Morgen frühstückte er im nächstgelegenen Café mit sechs gekochten Eiern und zwei Tassen Milchkaffee, denn seit Madrid hatte er keine richtige Mahlzeit mehr zu sich genommen. Dann kehrte er zur Notaufnahme zurück, um Nena Daconte zu sehen, doch man gab ihm zu verstehen, daß er den Haupteingang benutzen müsse. Dort trieben sie schließlich beim Hauspersonal einen Asturier auf, der ihm behilflich war, sich mit dem Pförtner zu verständigen, und dieser stellte fest, daß Nena Daconte tatsächlich im Krankenhaus registriert war, Besuche jedoch nur dienstags von neun bis vier erlaubt waren. Das heißt, erst in sechs Tagen. Billy Sánchez suchte den Arzt ausfindig zu machen, der spanisch sprach und den er als kahlköpfigen Schwarzen beschrieb, doch mit zwei so dürftigen Angaben erhielt er von niemandem eine Auskunft.

Beruhigt von der Mitteilung, daß Nena Daconte als Patientin registriert war, kehrte Billy Sánchez zu der Stelle zurück, wo er den Wagen geparkt hatte, und ein Verkehrspolizist zwang ihn, diesen zwei Blocks weiter in einer engen Straße auf der Seite der ungeraden Hausnummern abzustellen. Gegenüber befand sich ein neugestrichenes Gebäude mit einem Schild: HOTEL NICOLE. Es hatte nur einen Stern und eine winzige Empfangshalle, in der nichts als ein Sofa und ein altes Klavier standen, doch der Besitzer konnte sich mit seiner flötenden Stimme in allen möglichen Sprachen mit seinen Gästen unterhalten, solange sie nur zahlungskräftig waren. Billy Sánchez richtete sich mit elf Koffern und neun Geschenkpaketen in dem einzigen freien Zimmer ein, einer dreieckigen Mansarde im neunten Stock, zu der man außer Atem über eine Wendeltreppe gelangte, wo es nach gekochtem Blumenkohl roch. Die Wände waren mit tristen Tapeten beklebt, und durch das einzige Fenster drang nichts als die trübe Helle des Hinterhofs. Im Zimmer standen ein Doppelbett, ein großer Schrank, ein einfacher Stuhl, ein tragbares Bidet und ein Waschständer mit Schüssel und Krug, so daß man sich in dem Raum nur aufhalten konnte, wenn man auf dem Bett lag. Das Ganze war schlimmer als alt, nämlich geizig, aber doch sehr sauber und hatte einen gesunden Hauch eben eingenommener Medizin.

Billy Sánchez hätte das ganze Leben nicht ausgereicht, die Rätsel dieser auf das Talent der Knauserigkeit gegründeten Welt zu entschlüsseln. Niemals begriff er das Geheimnis der Treppenbeleuchtung, die ausging, ehe er seine Etage erreicht hatte, noch fand er heraus, wie sie sich wieder einschalten ließ. Er brauchte einen halben Vormittag, bis er entdeckt hatte, daß sich auf jedem Treppenabsatz ein Gelaß mit einem Ziehklosett befand, und er war bereits entschlossen, es im Dunkeln zu benutzen, als er durch Zufall feststellte, daß das Licht anging, wenn man drinnen den Riegel vorschob, so daß niemand es aus Vergeßlichkeit brennen lassen konnte. Die Dusche befand sich am äußersten Ende des Ganges, und er bestand darauf, sie zweimal täglich wie in seiner Heimat zu benutzen; sie mußte extra und bar bezahlt werden, und das warme Wasser, das vom Hotelbüro aus an- und abgeschaltet wurde, lief nur drei Minuten lang. Dennoch war Billy Sánchez noch klar genug bei Verstand, um einzusehen, daß diese Ordnung, die so verschieden von seiner eigenen war, jedenfalls immer noch besser war als das Januarwetter draußen, und außerdem fühlte er sich dermaßen verwirrt und einsam, daß er nicht begreifen konnte, wie er einmal ohne den Beistand von Nena Daconte gelebt hatte.

Kaum war er am Mittwochmorgen zu seinem Zimmer hinaufgestiegen, als er sich noch im Mantel bäuchlings auf das Bett warf, an das Wunderwesen dachte, das in der Häuserzeile gegenüber blutete und blutete, und sehr bald kam ein so natürlicher Schlaf über ihn, daß die Uhr fünf zeigte, als er aufwachte, er jedoch nicht feststellen konnte, ob es fünf Uhr nachmittags oder fünf Uhr früh war und welcher Tag welcher Woche in welcher Stadt mit ihren von Regen und Wind gepeitschten Fenstern. In Gedanken bei Nena Daconte, wartete er wachend im Bett, bis er sich vergewissert hatte, daß es Tag wurde. Dann ging er zum Frühstücken in dasselbe Café wie am Vortag, und dort konnte er feststellen, daß es Donnerstag war. Das Krankenhaus war erleuchtet, und es hatte aufgehört zu regnen, so daß er sich an den Stamm einer Kastanie vor dem Haupteingang lehnte, durch den Schwestern und Ärzte in weißen Kitteln kamen und gingen, in der Hoffnung, den asiatischen Arzt zu erblicken, der Nena Daconte aufgenommen hatte. Er bekam ihn nicht zu Gesicht und auch am Nachmittag nach dem Mittagessen nicht, bis er das Warten aufgeben mußte, weil er durchgefroren war. Um sieben trank er noch einen Milchkaffee und aß zwei hartgekochte Eier, die er sich selber vom Tresen nahm, nachdem er nun schon seit achtundvierzig Stunden das gleiche am gleichen Ort aß. Als er zum Hotel zurückkehrte, um sich hinzulegen, stand sein Wagen als einziger auf der einen Straßenseite und alle übrigen auf der anderen, und an der Windschutzscheibe steckte ein Strafmandat. Der Portier des Hotels Nicole hatte Mühe, ihm zu erklären, daß an den ungeraden Tagen des Monats das Parken nur auf der Seite der ungeraden Hausnummern gestattet war und am Tag danach auf der gegenüberliegenden Straßenseite. All diese rationalistischen Kniffe erwiesen sich für einen der erlauchtesten Sánchez de Avila als unbegreiflich, der noch vor kaum zwei Jahren mit dem Dienstwagen des Oberbürgermeisters in ein Vorstadtkino eingedrungen war und im Beisein unbeeindruckter Polizisten Menschen lebensgefährlich verletzt hatte. Billy Sánchez begriff noch weniger, als der Hotelportier ihm riet, die Strafe zu bezahlen, aber den Wagen zu dieser Stunde nicht mehr zu versetzen, da er ihn sonst um zwölf Uhr nachts wieder woanders abstellen müsse. In jener Nacht dachte er zum ersten Mal nicht nur an Nena Daconte, sondern wälzte sich schlaflos im Bett und dachte an seine eigenen gramvollen Nächte in den Schwulenkneipen des Stadtmarktes von Cartagena del Caribe. Er erinnerte sich an den Geschmack von gebratenem Fisch und Kokosreis in den Spelunken an der Mole, wo die Schoner von Aruba festmachten. Er erinnerte sich an sein Elternhaus mit den stiefmütterchenbedeckten Wänden, wo es jetzt erst sieben Uhr am Vorabend war, und er sah seinen Vater vor sich, wie er in einem Seidenpyjama in der Frische der Terrasse Zeitung las. Er erinnerte sich an seine Mutter, von der er niemals gewußt hatte, wo sie sich gerade aufhielt, an seine verführerische und geschwätzige Mutter in ihrem Sonntagskleid, die vom Nachmittag an eine Rose hinterm Ohr trug und mit ihrem wogenden herrlichen Busen vor Hitze umkam. Mit sieben Jahren war er eines Nachmittags unangekündigt in ihr Zimmer gekommen und hatte sie mit einem ihrer Gelegenheitsliebhaber nackt im Bett überrascht. Dieses Vorkommnis, über das sie nie sprachen, stellte eine komplizenhafte Beziehung zwischen ihnen her, die nützlicher war als Liebe. Trotzdem wurde ihm dies wie so viele andere schreckliche Dinge seiner Einsamkeit als einziger Sohn erst in dieser Nacht bewußt, da er sich im Bett einer tristen Pariser Mansarde wälzte, ohne jemanden, dem er sein Unglück hätte mitteilen können, und mit einer wilden Wut auf sich selber, weil er nicht ertragen konnte, daß es ihn verlangte zu weinen.

Es war eine produktive Schlaflosigkeit. Als er am Freitag aufstand, war er zerschlagen von der schlimmen Nacht, jedoch entschlossen, sein Leben selber in die Hand zu nehmen. Endlich brachte er es über sich, das Schloß seines Koffers aufzubrechen, um die Kleidung zu wechseln, denn alle Schlüssel befanden sich in Nena Dacontes Handtasche und mit ihnen der größte Teil des Geldes und das Notizbuch mit den Telefonnummern, in dem er vielleicht die Nummer eines Pariser Bekannten gefunden hätte. Im gewohnten Café stellte er fest, daß er gelernt hatte, auf französisch zu grüßen und Schinken-Sandwiches und Milchkaffee zu bestellen. Er wußte aber auch, daß es ihm niemals gelingen würde, Butter und Eier in irgendeiner Form zu bestellen, denn er würde niemals die Wörter dafür lernen, aber die Butter wurde immer mit dem Brot serviert, und die hartgekochten Eier lagen offen auf dem Tresen, und man konnte sie nehmen, ohne etwas sagen zu müssen. Außerdem war er nach drei Tagen dem Bedienungspersonal bekannt, und man half ihm, sich verständlich zu machen. So daß er sich am Freitag zum Mittagessen, während er Ordnung in seinen Kopf zu bringen suchte, ein Entrecôte mit Pommes frites und eine Flasche Wein bestellte. Danach fühlte er sich so gut, daß er noch eine Flasche verlangte, sie halb leerte und die Straße in der Absicht überquerte, gewaltsam in das Krankenhaus einzudringen. Er wußte nicht, wo er Nena Daconte suchen sollte, doch vor seinem geistigen Auge hatte er das schicksalhafte Bild des asiatischen Arztes, und er war sicher, daß er ihn finden würde. Er benutzte nicht den Haupt-, sondern den Notaufnahmeeingang, der ihm weniger streng bewacht erschienen war, gelangte jedoch nicht weiter als bis zu dem Gang, auf dem ihm Nena Daconte zum Abschied zugewinkt hatte. Ein Wärter mit blutbespritztem Kittel stellte ihm im Vorübergehen eine Frage, und Billy Sánchez schenkte ihm keine Beachtung. Der Wärter ging ihm nach, wiederholte die immer gleiche französische Frage und packte ihn schließlich mit solcher Kraft am Arm, daß er auf der Stelle stehenblieb. Billy Sánchez versuchte, ihn mit einer Kettenschlägerbewegung abzuschütteln, worauf der Wärter auf französisch einen Fluch auf seine Scheißmutter ausstieß, ihm mit einem gekonnten Klammergriff den Arm auf den Rücken drehte und Billy Sánchez, der fast schwebte und außer sich war vor Schmerz, unter tausend Verfluchungen seiner Scheißhurenmutter zur Tür schleppte und ihn wie einen Sack Kartoffeln mitten auf die Straße warf.

In dem Kummer über diese Niederlage begann Billy Sánchez an diesem Nachmittag erwachsen zu werden. Er beschloß, so wie Nena Daconte es getan hätte, seinen Botschafter um Unterstützung zu bitten. Der Hotelportier, der trotz seinem mürrischen Aussehen sehr hilfsbereit war und darüber hinaus sehr geduldig bei Fremdsprachen, suchte im Telefonbuch die Nummer und Adresse der Botschaft heraus, und Billy Sánchez notierte sie sich auf einer Karte. Es antwortete eine höchst liebenswürdige Frau, an deren gemessener und glanzloser Stimme Billy Sánchez sofort den Dialekt der Anden erkannte. Sicher, daß seine beiden Nachnamen Eindruck auf die Frau machen würden, stellte er sich gleich zu Anfang mit seinem vollständigen Namen vor, doch die Stimme am Telefon veränderte sich nicht. Er hörte, wie sie auswendig die Lektion hersagte, daß der Herr Botschafter im Augenblick nicht in seinen Diensträumen weile, daß er erst am Tag darauf zurückerwartet werde, ihn jedoch auf keinen Fall ohne vorherige Verabredung und nur dann empfangen könne, wenn es sich um eine ganz besondere Angelegenheit handele. Billy Sánchez wurde klar, daß er auch auf diesem Weg nicht zu Nena Daconte gelangen würde, und dankte für die Auskunft mit der gleichen Liebenswürdigkeit, mit der sie ihm erteilt worden war. Dann nahm er ein Taxi und fuhr zur Botschaft.

Sie befand sich in der Rue de l'Elysée Nummer 22 in einem der friedlichsten Viertel von Paris, doch Billy Sánchez, wie er mir selber viele Jahre später in Cartagena de Indias erzählte, beeindruckte nur, daß die Sonne zum ersten Mal seit seiner Ankunft so hell war wie in der Karibik und der Eiffelturm über die Stadt hinaus in einen strahlenden Himmel ragte. Der Beamte, der ihn anstelle des Botschafters empfing, schien gerade erst von einer tödlichen Krankheit genesen, nicht nur wegen seines Anzugs aus schwarzem Tuch, des beklemmenden Kragens und der Trauerkrawatte, sondern auch wegen der Verschwiegenheit seiner Gebärden und der Milde seiner Stimme. Er hatte Verständnis für Billy Sánchez' Unruhe, rief ihm jedoch, ohne seine Sanftmut zu verlieren, in Erinnerung, daß sie sich in einem zivilisierten Land befänden, dessen strenge Vorschriften auf uralten und weisen Einsichten beruhten, im Unterschied zum barbarischen Amerika, wo man nur den Portier zu bestechen brauchte, um in ein Krankenhaus eingelassen zu werden. »Nein, mein lieber junger Herr«, sagte er. Es bleibe nichts anderes übrig, als sich der Herrschaft der Vernunft zu beugen und bis zum Dienstag zu warten.

»Schließlich sind es nur noch vier Tage«, schloß er. »Gehen Sie inzwischen in den Louvre. Es lohnt sich.«

Als Billy Sánchez die Botschaft verließ, fand er sich auf der Place de la Concorde und hatte keine Ahnung, was er nun unternehmen sollte. Über den Dächern sah er den Eiffelturm, und er schien ihm so nahe, daß er ihn über die Kais zu Fuß zu erreichen suchte. Sehr bald jedoch sah er ein, daß er weiter entfernt war, als es den Anschein hatte, und daß er darüber hinaus während der Suche seinen Standort wechselte. So setzte Billy Sánchez sich denn auf eine Bank am Seine-Ufer und dachte an Nena Daconte. Er sah die Schlepper unter den Brücken hindurchfahren, und sie wirkten nicht wie Boote, sondern wie wandernde Häuser mit rötlichen Dächern und Fenstern mit Blumentöpfen auf dem Fensterbrett und Drähten mit zum Trocknen aufgehängter Wäsche über den Planken. Eine ganze Zeitlang beobachtete er einen reglosen Angler mit regloser Rute und reglos in die Strömung hängender Schnur, und er wurde es müde, auf irgendeine Bewegung zu warten, bis es dunkel zu werden begann, und beschloß, ein Taxi zurück zum Hotel zu nehmen. Erst dann ging ihm auf, daß er weder den Namen noch die Adresse wußte und nicht die geringste Ahnung hatte, in welcher Gegend von Paris das Krankenhaus lag.

Von Panik verwirrt, betrat er das erste Café, an dem er vorüberkam, bestellte einen Cognac und versuchte, seine Gedanken zu ordnen. Während er nachdachte, sah er sich selber von den zahlreichen Spiegeln an den Wänden oft und aus verschiedenen Blickwinkeln reflektiert, und er fand sich verängstigt und einsam und dachte zum ersten Mal in seinem Leben an die Wirklichkeit des Todes. Doch beim zweiten Glas fühlte er sich besser und verfiel auf die glückliche Idee, zur Botschaft zurückzukehren. Er suchte in der Tasche nach der Karte, um den Straßennamen zu finden, und entdeckte, daß auf der Rückseite der Name und die Anschrift des Hotels standen. Dieses Erlebnis hinterließ einen so unguten Eindruck bei ihm, daß er während des Wochenendes sein Zimmer nur verließ, um zu essen und seinen Wagen auf der richtigen Straßenseite zu parken. Drei Tage lang fiel unaufhörlich der gleiche schmutzige Nieselregen wie am Morgen ihrer Ankunft. Billy Sánchez, der noch nie ein Buch ausgelesen hatte, hätte jetzt gerne eines gehabt, um sich auf dem Bett nicht zu langweilen, doch die einzigen Bücher, die er in den Koffern seiner Frau fand, waren nicht in spanischer Sprache. So daß er weiter auf den Dienstag wartete, die sich wiederholenden Pfauen auf der Tapete betrachtete und ohne Unterlaß an Nena Daconte dachte. Am Montag räumte er sein Zimmer ein wenig auf, da ihm durch den Kopf ging, was sie sagen würde, wenn sie es in diesem Zustand vorfände, und erst jetzt entdeckte er, daß der Nerzmantel voller trockener Blutflecken war. Den Nachmittag verbrachte er damit, ihn mit der parfümierten Seife zu waschen, die er in der Reisetasche fand, bis es ihm gelungen war, ihn wieder in jenen Zustand zu bringen, in dem er in Madrid ans Flugzeug gebracht worden war.

Der Dienstag brach trübe und eisig an, jedoch ohne den Nieselregen, und Billy Sánchez stand gleich nach sechs auf und wartete vor dem Krankenhausportal in einer Menge von Angehörigen, die mit Geschenkpäckchen und Blumensträußen beladen waren. Er gelangte mit der Herde hinein, über dem Arm den Nerzmantel, ohne eine Frage zu stellen und ohne die leiseste Vorstellung, wo Nena Daconte zu finden wäre, jedoch aufrecht gehalten von der Sicherheit, daß er dem asiatischen Arzt begegnen mußte. Er kam durch einen weiten Innenhof mit Blumen und Waldvögeln, an dessen Seiten die Krankenpavillons standen: die Frauen rechts und die Männer links. Er ging hinter den Besuchern her und betrat den Frauenpavillon. Er sah eine lange Reihe von Kranken, die im hellen Licht der Fenster in Klinikhemden auf den Betten saßen, und alles dies kam ihm heiterer vor, als man es sich von außen vorstellen konnte. Er gelangte bis zum äußersten Ende des Ganges und schritt ihn dann abermals in entgegengesetzter Richtung ab, bis er sich überzeugt hatte, daß keine der Kranken Nena Daconte war. Dann ging er noch einmal

die Galerie außen an den Männerpavillons entlang und spähte durch die Fenster hinein, bis er den Arzt, den er suchte, zu erkennen glaubte.
Er war es tatsächlich. Mit anderen Ärzten und Schwestern untersuchte er gerade einen Kranken. Billy Sánchez betrat den Pavillon, schob eine der Schwestern der Gruppe beiseite und blieb vor dem asiatischen Arzt stehen, der über den Kranken gebeugt war. Er sprach ihn laut an. Der Arzt hob seine trostlosen Augen, dachte einen Augenblick nach und erkannte ihn dann.
»Aber wo zum Teufel waren Sie denn abgeblieben?« fragte er.
Billy Sánchez war bestürzt. »Im Hotel«, sagte er. »Hier gleich um die Ecke.«
Dann erfuhr er es. Nena Daconte war am Donnerstag, dem 9. Januar, um 7 Uhr 10 abends verblutet, nachdem die besten Spezialisten Frankreichs sich siebzig Stunden lang vergeblich um sie bemüht hatten. Bis zum letzten Augenblick war sie bei klarem Bewußtsein und gefaßt gewesen, hatte ihren Mann im Hotel Plaza-Athénée suchen lassen, wo ein Zimmer für sie reserviert gewesen war, und hatte alle Angaben gemacht, die nötig waren, um Verbindung zu ihren Eltern aufzunehmen. Die Botschaft war am Freitag durch ein dringendes Telegramm des Außenministeriums informiert worden, als Nena Dacontes Eltern bereits im Flugzeug nach Paris saßen. Der Botschafter persönlich kümmerte sich um alle Formalitäten bei der Einbalsamierung der Leiche und der Bestattung und blieb mit der Polizeipräfektur von Paris in Verbindung, um Billy Sánchez ausfindig zu machen. Ein dringender Suchruf mit dessen Personalien wurde von Freitagabend bis Sonntagnachmittag über Rundfunk und Fernsehen verbreitet, und während dieser vierzig Stunden war er der meistgesuchte Mann Frankreichs. Sein Foto, das man in Nena Dacontes Handtasche gefunden hatte, wurde überall

angeschlagen. Drei gleiche Bentley-Cabrios waren aufgespürt worden, doch keines hatte ihm gehört.
Nena Dacontes Eltern waren am Samstagmittag eingetroffen und hielten in der Krankenhauskapelle bei dem Leichnam bis zum letzten Augenblick Totenwache, immer in der Hoffnung, daß Billy Sánchez sich noch einfinden würde. Auch dessen Eltern hatte man benachrichtigt, und sie waren bereit, nach Paris zu fliegen, nahmen aber schließlich davon Abstand, weil die Telegramme sich widersprachen. Die Totenfeier fand am Sonntag um zwei Uhr nachmittags statt, nur zweihundert Meter entfernt von dem schäbigen Hotelzimmer, wo Billy Sánchez vor Einsamkeit und Sehnsucht nach Nena Daconte verging. Der Beamte, der ihn in der Botschaft empfangen hatte, erzählte mir Jahre später, er selber habe das Telegramm des Außenministeriums eine Stunde, nachdem Billy Sánchez das Büro verlassen hatte, erhalten und in den verschwiegenen Bars des Faubourg St. Honoré nach ihm gesucht. Er gestand mir, daß er ihm während ihres Gesprächs keine besondere Beachtung geschenkt hatte, da er sich nie hätte vorstellen können, daß dieser Mann von der Küste, den Paris kopflos gemacht hatte und der einen so schlechtsitzenden Lammfellmantel trug, aus einer so illustren Familie kam. Am Sonntagabend, als Billy Sánchez an seinem Verlangen gelitten hatte, vor Wut zu weinen, gaben Nena Dacontes Eltern die Suche auf und nahmen den einbalsamierten Leichnam in einem Metallsarg mit, und diejenigen, denen es gelungen war, einen Blick auf die Tote zu werfen, versicherten noch jahrelang, daß sie nie eine schönere Frau gesehen hätten, weder tot noch lebendig. Als Billy Sánchez am Dienstagmorgen das Krankenhaus betrat, war Nena Daconte also bereits in der düsteren Familiengruft in La Manga beigesetzt, wenige Meter von dem Haus entfernt, wo beide die ersten Codezeichen des Glücks entschlüsselt hatten. Der asiatische Arzt, der Billy Sánchez über die Tra-

gödie unterrichtete, wollte ihm im Krankenhaus einige Beruhigungstabletten geben, aber er lehnte ab. Er ging, ohne sich zu bedanken, ohne sich zu verabschieden, erfüllt von dem Gedanken, daß er jemanden brauchte, dem er seine verdammte Kette über den Kopf schlagen könnte, um sein Unglück loszuwerden. Als er das Krankenhaus verließ, bemerkte er nicht einmal, daß vom Himmel ein Schnee ohne Blutspuren fiel, dessen zarte und reine Flocken wie Taubenflaum waren, und daß auf den Pariser Straßen eine festliche Stimmung herrschte, denn es war der erste starke Schneefall in zehn Jahren.

1976

Gabriel García Márquez
Von der Liebe und anderen Dämonen

Roman

Titel der Originalausgabe: *Del amor y otros demonios*
Aus dem Spanischen von Dagmar Ploetz
Leinen

In diesem zauberhaften Roman, der in einer kunstvoll bilderreichen Sprache geschrieben ist, erzählt Gabriel García Márquez die Geschichte von Sierva María, der Tochter des Marqués de Casalduero in Cartagena, eine Geschichte über irdische, himmlische und geistige Leidenschaften.

Kiepenheuer & Witsch

WDR

Im

Zeitalter der

Fernbedienung

eine gute

Orientierung.

WDR. Mehr hören. Mehr sehen.

WDR-KRIMINAL-HÖRSPIEL

Bei Einschub Mord! Kriminal Hörspiele auf Cassette.

BEI GOLDMANN/PRIMO

GOLDMANN TASCHENBÜCHER

Das Goldmann Gesamtverzeichnis erhalten Sie im Buchhandel oder direkt beim Verlag.

Literatur · Unterhaltung · Thriller · Frauen heute
Lesetip · FrauenLeben · Filmbücher · Horror
Pop-Biographien · Lesebücher · Krimi · True Life
Piccolo Young Collection · Schicksale · Fantasy
Science-Fiction · Abenteuer · Spielebücher
Bestseller in Großschrift · Cartoon · Werkausgaben
Klassiker mit Erläuterungen

* * * * * * * * * *

Sachbücher und Ratgeber:
Gesellschaft / Politik / Zeitgeschichte
Natur, Wissenschaft und Umwelt
Kirche und Gesellschaft · Psychologie und Lebenshilfe
Recht / Beruf / Geld · Hobby / Freizeit
Gesundheit / Schönheit / Ernährung
Brigitte bei Goldmann · Sexualität und Partnerschaft
Ganzheitlich Heilen · Spiritualität · Esoterik

* * * * * * * * * *

Ein Siedler-Buch bei Goldmann
Magisch Reisen
ErlebnisReisen
Handbücher und Nachschlagewerke

Goldmann Verlag · Neumarkter Str. 18 · 81664 München

Bitte senden Sie mir das neue kostenlose Gesamtverzeichnis

Name: ____________________

Straße: ____________________

PLZ / Ort: ____________________